W0040727

Hilfe, wir werden Großeltern

Thomas Wieke

Hilfe, wir werden Großeltern

Der neue Ratgeber für den Umgang mit Kindern und Enkeln

Seehamer Verlag

Hinweis des Verlages

Die in diesem Buch enthaltenen Informationen sind nach bestem Wissen und Gewissen zusammengestellt. Eine Haftung kann nicht übernommen werden.

Das Werk einschließlich aller seiner Teile ist urheberrechtlich geschützt. Jede Verwertung außerhalb der engen Grenzen des Urheberrechtsgesetzes ist ohne Zustimmung des Verlages unzulässig und strafbar. Das gilt insbesondere für Vervielfältigungen, Übersetzungen, Mikroverfilmungen und die Einspeisung und Verarbeitung in elektronischen Systemen.

© 2000 Seehamer Verlag GmbH, Weyarn
Alle Rechte vorbehalten
Gestaltungskonzept: Bine Cordes, Weyarn
Lektorat und Umbruch: Susanne Kattenbeck, Laaber
Umschlaggestaltung: Bine Cordes, Weyarn
Umschlagfotos: PhotoAlto, Bad Homburg
Printed in Austria
ISBN 3-934058-54-X

Inhalt

Inhalt

Vorwort

Vor mir auf dem Schreibtisch liegen zwei Bücher. Beide sind Taschenbücher, beide haben etwas mit unserem Thema zu tun. Das eine heißt „Komisch, du siehst gar nicht aus wie eine Großmutter" und das andere „Nicht verzagen, Oma fragen". Das erste Buch wurde von der Amerikanerin Lois Wyse geschrieben. Über die Autorin teilt der Verlag mit, sie sei in der Werbebranche tätig und habe acht Enkelkinder. Das zweite Buch ist ein Ratgeber von Manfred Grubert, der Tricks, Kniffe und guten Rat aus Großmutters Erfahrungsschatz mitteilen will.

Fasziniert hat mich bei diesen beiden Büchern der Vergleich der Titelbilder. Beide Cover zeigen Frauen in fortgeschrittenem Alter. Auf dem Buch von Lois Wyse ist eine Frau zu sehen, die mit angezogenen Knien auf einem einfachen Holzstuhl im Garten sitzt. Sie trägt Jeans und einen schlichten weißen Pullover, hält mit beiden Händen eine große Kaffeetasse und lächelt den Betrachter mit leicht schräg gehaltenem Kopf an. Auf dem anderen Cover ist eine Frau abgebildet, die vielleicht im gleichen Alter ist. Sie sitzt in einem bequem gepolsterten Sesseln in ihrem Wohnzimmer. Sie trägt eine Rüschenbluse mit viel Spitze, die steif und altmodisch aussieht, und eine Perlenkette. Mit beiden Händen hält sie das Strickzeug und lächelt den Betrachter mit leicht schräg gehaltenem Kopf an. Augenscheinlich sollen mit diesen Titelillustrationen ganz unterschiedliche Menschenbilder vermittelt werden. Auf der einen Seite die tatkräftige Frau, die mitten im Leben steht, mit den Jeans als Signal für Jugendlichkeit, und die sich zwischen Job und Enkelkind gerade mal Zeit für eine Tasse Kaffee nimmt. Auf der anderen Seite die Ruheständlerin, die Personifikation des raunenden Imperfekts, deren Auftreten verlässliche Vorgestrigkeit ausstrahlt und die übers Strickzeug hinweg weise Ratschläge zu geben vermag. Beide Frauen wollen uns etwas verkaufen. Die eine das Lebensgefühl der modernen Amerikanerin um die 60, die andere Haushaltstipps aus der guten alten Zeit.

„Okay", werden Sie sagen, „das sind Marketingstrategien." Aber gibt es so unterschiedliche Großmütter nicht wirklich? Der eine Typ, der Wert darauf legt, eine moderne Großmutter zu sein, und der andere, der sich im traditionellen Rollenbild der Oma wieder findet?

Gerlinde, die gerade 78 geworden ist, sagt von sich: „Ich bin eine liebevolle, opferbereite Großmutter und trotz meines hohen Alters allem Neuen gegenüber aufgeschlossen." Bert (56) und Karin (54) sehen sich als „jüngere Großeltern, die entsprechend der Entwicklung moderner mit den Enkeln umgehen".

Es ist eine betrübliche Tatsache, dass Sie auf Titelseiten – in Wort und Bild – viel seltener einen Großvater finden als eine Großmutter. In dieser Tatsache spiegelt sich zum einen die demographische Situation wider, dass Männer eine niedrigere Lebenserwartung haben als Frauen und dass Frauen meistens ältere Männer heiraten, weshalb sie im hohen Alter öfter allein zurückbleiben als Männer. Zum anderen spiegelt sich darin auch das immer und immer wieder reproduzierte Rollenklischee, demzufolge der Mann als Ernährer der Familie außer Haus geht, während die Frau als Hüterin des Herdes für Heim und Kinder zuständig ist. Dieses Klischee färbt auch auf die Großeltern ab. Während Oma den Kuchen backt und die Familie am Kaffeetisch zusammenführt, beschneidet Opa im Garten die Obstbäume, zimmert ein neues Kellerregal oder repariert die Fahrräder der Enkel.

Sie werden in den meisten Ratgebern Tipps von Großvätern finden, die sich auf Haus, Garten, Freizeit und Hobby beziehen, während die Ratschläge von Großmüttern um die Themen Küche, Familie und Kinderpflege kreisen. Nach allen mir vorliegenden Erfahrungen und Berichten kann ich dieses Klischee nicht bestätigen. Großväter werden, namentlich nach dem Ende ihrer beruflichen Laufbahn, zu ausgesprochenen Familienmenschen, Großmütter beschränken ihren Wirkungskreis durchaus nicht nur auf Küche und Kinderzimmer.

Ob Sie nun als Großvater oder als Großmutter dieses Buch lesen oder ob die Großmutter dem Großvater aus dem Buch vorliest (Frauen sollen bekanntlich viel häufiger Bücher kaufen und auch lesen als Männer): Zu welchem Typ von Großeltern Sie sich zählen, müssen Sie für sich selbst entscheiden.

Mit dem Buch soll nicht versucht werden, Sie auf die Rolle der modernen oder der traditionsbewussten Großeltern festzulegen. Fragen Sie sich, warum Ihre Enkel Ihre Nähe suchen. Suchen sie vielleicht das Gestrige, ja Vorgestrige, weil es ihnen sonst im Leben überall fehlt, sollten Sie sich nicht verweigern, auch wenn Sie sich im Grunde als moderne Großeltern fühlen. Vielleicht – und die Verlängerung der Lebenserwartung lässt dies ja immer häufiger zu – gibt es in der Familie noch eine Urgroßmutter, die für den Part des Vorgestrigen stehen kann. Suchen Ihre Enkel bei Ihnen Modernität und Antworten auf die Fragen der Gegenwart, für die die Eltern vielleicht keine Zeit haben, sollten Sie Ihre Enkel nicht mit den Maßstäben und Werten von gestern und vorgestern verschrecken.

Großvater und Großmutter oder Oma und Opa

Großeltern spielen seit Jahrhunderten eine wichtige Rolle für den Zusammenhalt der verschiedenen Generationen innerhalb einer Familie. Umso mehr überrascht es, dass die Beziehungen zwischen Großeltern und Enkeln immer noch nicht – oder gerade einmal ansatzweise – systematisch untersucht wurden.

Klischee und Wirklichkeit

Großeltern, vor allem die Großmütter als Hüterinnen des Herdes, erleben im öffentlichen Bewusstsein eine Renaissance. Oder sollte man es vielleicht besser Nostalgie nennen, wenn Rezepte aus „Großmutters Küche" und Handarbeitsvorlagen aus „Großmutters Nähkästchen" auf dem Buchmarkt boomen?

Noch immer bestimmt ein klischeehaftes, eher dem Märchen und der illustrativen Bilderwelt Ludwig Richters als der Wirklichkeit verhaftetes Bild unser Verständnis von der Großmutter. „Die Tatsache, dass auch in unseren Bereichen und in den USA bei der Beschreibung früherer Großmütter Begriffe wie Frömmigkeit, Weisheit, Ruhe, Gelassenheit, Hilfsbereitschaft, Aufopferung und Wärme fallen, mag ein Hinweis darauf sein, dass es sich hierbei um wesentliche Bestandteile der traditionellen Großmutterrolle handelt",[1] schreibt Christine Herrmann in ihren Untersuchungen zu Stereotypen der älteren Frau in der Kinder- und Jugendliteratur.

Aber ist die Rolle der Großmutter mit den Funktionsbestimmungen Geschichten erzählen, Lieder singen, Pullover stricken und Plätzchen backen nicht zu einfach und zu kurz gefasst?

Passen diese Funktionsbestimmungen überhaupt noch in die heutige Zeit, in der selbstbewusste, in Beruf, Familie und gesellschaftlichem Umfeld oft gleichermaßen engagierte Frauen in den besten Jahren in den „Großmutterstand" treten?

Löst nicht gerade die Erwartung, dass man als Großmutter diesen offensichtlich veralteten Funktionsbestimmungen gerecht zu werden hat, bei den betroffenen Frauen eine psychische Krise aus?

Und wie verhält sich der Großvater? Sitzt er etwa mit abgenutzter Kleidung und einer unmodernen Mütze auf dem Kopf vor dem Haus auf der Gartenbank und raucht Pfeife oder wenigstens Zigarre? Oder lässt sich das Klischee vom knorrigen Alten, der dem Enkel (eine Enkelin kommt selbstverständlich nicht in Frage) Pfeil und Bogen schnitzt, ein Baumhaus baut und ihm im Wald das Fährtenlesen beibringt, nicht so gut vermarkten wie das der Plätzchen backenden, Märchen erzählenden und ewig strickenden Großmutter?

Christa Meves schreibt in ihrem Großeltern-ABC: „Dieses Großelternalphabet brauchte nicht geschrieben zu werden, wenn sich in der Praxis nicht immer wieder zeigte, dass es in der Beziehung der Großeltern zu ihren erwachsenen Kindern und Enkeln so häufig tragische Irrtümer, Fehlvorstellungen und Fehleinstellungen gibt, die das Glück der Großelternschaft trüben, ja, es nicht selten in Unglück, Hader, Zerwürfnis und Altersisolation zu verwandeln vermöchten."[2]

Doch nicht nur das traditionelle Großeltern-Klischee beeinflusst die Beziehung der älteren Generation zu den Kindern und Enkeln, auch die Werte, die von der Werbung übermittelt werden und zum Teil an die tradierten Rollenbilder anknüpfen, zielen auf Haltungen und Handlungen, die von den Großeltern nicht unbedingt akzeptiert oder vorgenommen werden können.

Welche Großeltern präsentiert uns die Werbung? Das hängt ganz davon ab, was verkauft werden soll. „Immer wenn die Störche ins Elsass kamen ...", backte die Großmutter einen besonders tollen Kuchen; und genau diesen Kuchen bietet heute der Hersteller an wie zu Großmutters Zeiten. Oder damals in Pommern: Die Leberwurst, die von der Großmutter aufgeschnitten wurde, war noch im Buchenrauch geräuchert worden, und da das noch heute so ist, darf man dieser Wurst wohl vertrauen. Um diese Produkte zu verkaufen, braucht man die altmodische rundliche Oma im Trachtenlook. Der Opa ist hier, in der Küche, natürlich vollkommen überflüssig. Anders, wenn ein pharmazeutisches Produkt zur Stärkung von Körper und Geist an die Seniorenzielgruppe gebracht werden soll. Da sitzt dann ein modernes gutbürgerliches Paar in den besten Jahren in teurem Ambiente beim Schachspiel und preist den Wundersaft an, der es ihm ermöglicht, die intellektuellen Anforderungen des Schachspiels auch noch im höheren Alter zu bewältigen. Oder man sieht Senioren auf Reisen gehen, Hanteln stemmen, Holz hacken und am Barren turnen, weil ihnen ein besonderes Präparat die Kraft der zwei Herzen verleiht.

Haben Sie sich wieder erkannt? Nein? Dann zählen Sie zu den Glücklichen, die keiner Klischeekategorie angehören. Oder Sie haben das Selbstbewusstsein, die Ansprüche, die von der Werbung erhoben werden, einfach zu ignorieren und Ihre Individualität zu behaupten. Dazu kann man Ihnen nur gratulieren. Ihre Enkel werden es Ihnen danken.

Klischees im Wandel der Zeit
Die Pfeife wurde dem Bilderbuch-Opa spätestens in den Sechzigerjahren von den jungen wilden Intellektuellen entwunden. Die Zigarre ist neuerdings zum Insigne erfolgsverwöhnter, vor Kraft und Jugendlichkeit strotzender Manager avanciert – man kann den Klischee-Großvater damit also gar nicht mehr ausstatten.

Die Oma-Opa-Angst

Wie ist das mit dem Älterwerden? Jeder bewältigt das Problem auf seine Weise. Frauen anders als Männer. Manche beginnen früher damit, manche später. Großeltern zu sein, gehört zu den Lebensrollen, die man sich nicht aussuchen kann. Zum schmerzlichen Einschnitt wird für viele junge Frauen die Mitteilung, dass sie Großmutter werden. „Mein jüngerer Sohn war dreiundzwanzig Jahre alt, seine Stimme klang bedrückt, als er mich nachts anrief, um mir mitzuteilen,

dass seine junge, achtzehnjährige Freundin schwanger sei. Ich war nicht gerade begeistert",[3] schreibt die Soziologin und Buchautorin Ursula Richter. Sie habe sich, damals Mitte vierzig, vor diesem Telefonanruf noch niemals Gedanken darüber gemacht, Großmutter zu werden.

Bert und Karin haben sich „schrittweise daran gewöhnt, dass das Zählwerk wohl eine Stelle weiterspringen würde". Besonders Karin ist es nahe gegangen. „Nach dem Tod meiner Eltern vor ein paar Jahren hat mir die Ankündigung meiner Tochter, dass sie schwanger ist, deutlich bewusst gemacht, dass wir jetzt keinen mehr vor uns haben, dass wir jetzt an die Stelle treten, die zuvor unsere Eltern innehatten und davor unsere Großeltern."

Nach erfolgter Geburt haben Bert und Karin sich sofort in die neue Rolle gefunden. „Älterfühlen? Nein. Mit Älterfühlen hat das nichts zu tun. Wir fühlen uns nicht älter, als wir sind. Und unsere Nachbarn behandeln uns seitdem auch nicht wie hinfällige Greise."

Ursula Richter hat in ihrem Buch zahlreiche Frauen interviewt, denen – vor allem, wenn sie in den mittleren Jahren Großmutter wurden – der Generationensprung schwer zu schaffen gemacht hat. Diese Ängste vor dem Alter reflektieren gesellschaftliche Vorurteile, die den Wert der Frau an Fruchtbarkeit und Gebärfähigkeit messen (was angesichts eines öffentlichen Bewusstseins, das die Frau am liebsten an Kinderzimmer und Küche gekettet sehen will, auch kein Wunder ist) und den Wert des Mannes mit Potenz und Zeugungsfähigkeit gleichsetzen.

Clint Eastwood, ein bekannter amerikanischer Schauspieler blaffte im Supermarkt eine Frau an, die den 69-Jährigen für den Opa seiner Tochter Morgan (3) gehalten hatte: „Ich bin kein Opa! Und ich werde noch viele Kinder zeugen."

Die Begriffe „Oma" und „Opa" – verschärft rheinländisch „Omma" und „Oppa" – werden mitunter abwertend, ja sogar als Schimpfwörter gebraucht. Jedenfalls empfinden das viele so. Besonders Frauen in den Vierzigern lassen sich äußerst ungern als „Omma" bezeichnen, wenn sie Großmutter werden. Die Abneigung gegen das Wort „Oma" wird dann auch gleich auf die Enkel übertragen, die sie so nennen.

Erliegen Sie bitte nicht der Illusion der Politiker, Sie könnten ein Problem dadurch beseitigen, dass Sie es einfach umbenennen. An der Tatsache, dass Sie Großmutter oder Großvater geworden sind, ändert sich nichts, auch wenn Sie sich verbitten, Oma oder Opa genannt zu werden. Und wenn Ihnen im beruflichen Umfeld oder unter Ihren Bekannten jemand dumm kommt, weil Ihre Kinder Sie zu Großeltern machen, dann denken

Sie einfach daran, dass er damit nicht Sie treffen kann, sondern höchstens sich selbst disqualifiziert. Notfalls teilen Sie ihm das auch mit.

Halten Sie sich ansonsten an die goldene Regel Nummer 10 (siehe S. 140).

Familie heute

Die Buchautoren Jerry und Jack Schreur – Vater und Sohn – schildern ein typisch amerikanisches Großmutter-Dilemma, das sich so ähnlich auch bei uns zutragen könnte. „Schön und gut", sagt da eine ältere Frau vom Lande, „aber meine Lage sieht ganz anders aus. Wir sind nicht die typische Vorortfamilie mit Vater, Mutter und zweieinhalb Kindern. Ich bin in der Baptistengemeinde einer Kleinstadt groß geworden und habe einen Jungen aus dem Ort geheiratet. Aber mein Sohn ist schon zweimal geschieden und hat gerade ein jüdisches Mädchen aus der Bronx geheiratet, das schon zwei Kinder aus erster Ehe hat. Wie soll ich, eine Landfrau aus Indiana, deren Großmutter sein? Und jetzt bekommen mein Sohn und seine neue Frau auch noch ein eigenes Baby."[4]

Auch bei uns in Deutschland ist die heile Familienwelt längst nicht mehr so geradlinig und überschaubar, wie das märchenhafte Klischee uns glauben machen will.

Lebenserwartung und Altersstruktur

Die Lebenserwartung in Deutschland steigt weiter an, sowohl im alten Bundesgebiet als auch in den neuen Ländern, obwohl dort die Lebenserwartung noch um etwa zwei Jahre niedriger liegt als im Westen. Die höhere Lebenserwartung bringt es aber mit sich, dass sich die Altersstruktur ständig zugunsten der älteren Menschen verschiebt. Dieses demoskopische Ungleichgewicht baut Kostenberge vor den öffentlichen und privaten Haushalten auf, die den Generationenvertrag auf eine immer härtere Probe stellen. Das Umlageprinzip in der Rentenversicherung kann nur dann auf Dauer sinnvoll funktionieren, wenn deutlich mehr Beitragszahler als Leistungsempfänger an diesem Prinzip partizipieren.

Welchen Ausweg sucht die Politik, um die Auswirkungen der deformierten Alterspyramide zu kompensieren? Im Gespräch ist immer wieder die Verlängerung des Erwerbsalters über die Grenze von 65 Jahren hinaus. Das stellt jedoch immer eine verdeckte Rentenkürzung dar, auch wenn alle das Wort „Rentenkürzung" meiden wie der Teufel das Weihwasser.

Wenn man außerdem bedenkt, dass auf dem Arbeitsmarkt schon heute relativ umstandslos 50-Jährige und Jüngere zum alten Eisen geworfen werden, ist nicht damit zu rechnen, dass die Arbeitgeber sich von einer Rentenreform dazu überreden lassen, 70-Jährige zu beschäftigen.

Der ältere Arbeitnehmer wird also möglicherweise gezwungen sein, vorzeitig in den Ruhestand zu gehen und dafür Abschläge in der Rentenhöhe in Kauf zu nehmen. Doch selbst wenn es ihm gelingt, bis zu einem Alter von 68 oder 70 Jahren in Lohn und Brot zu bleiben: Die Dauer des Rentenbezugs verkürzt sich, bezogen auf die durchschnittliche statistische Lebenserwartung, um drei bis fünf Jahre. Eine Rentenkürzung bleibt es auf jeden Fall.

Schaut man sich die Erwerbsstatistik der Bundesrepublik Deutschland an, so ist für rund 40 Prozent der Bevölkerung die eigene Erwerbstätigkeit die wichtigste Quelle des Lebensunterhalts. Etwa 30 Prozent werden von Angehörigen unterstützt, etwa 25 Prozent leben überwiegend von Renten, Pensionen, eigenem Vermögen oder sonstigen Unterstützungen und für die Übrigen ist Arbeitslosengeld oder -hilfe die wichtigste Einkommensquelle.

Vielen Menschen ist es gelungen, sich im Lauf ihres Erwerbslebens ein kleines Vermögen aufzubauen, sei es in Form des eigenen Hauses oder langfristiger Anlagen oder Beteiligungen. Andere ha-

Die Altersstruktur der Zukunft

Modellrechnungen zur Bevölkerungsentwicklung in Deutschland haben gezeigt, dass bereits in wenigen Jahren mehr Menschen leben werden, die älter als 65 Jahre sind, als solche, die jünger als 15 Jahre sind. Ein männlicher Säugling, der heute geboren wird, hat eine durchschnittliche Lebenserwartung von 74 Jahren, ein weiblicher Säugling hat die statistische Chance 80,3 Jahre alt zu werden. Wer heute 60 ist, kann als Mann noch 17- bis 18-mal und als Frau sogar noch 21- bis 22-mal Geburtstag feiern.

Die Altersschichtung sieht etwa so aus: Kinder und Jugendliche im Alter bis zu 15 Jahren machen ca. 16 Prozent der Bevölkerung aus; die 15- bis 25-Jährigen bilden 11 Prozent der Bevölkerung; auf die Altersgruppe der 25- bis 45-Jährigen entfallen ca. 32 Prozent; die Anteile der 45- bis 65-Jährigen belaufen sich auf ca. 25 Prozent und die der über 65-jährigen Personen auf ca. 16 Prozent. Tendenziell verschieben sich die Anteile zugunsten der Gruppe der über 45-Jährigen.

ben, zum Beispiel aus Lebens- oder Rentenversicherungen, Leistungsansprüche erworben.

Die Bedeutung dieser privaten Vorsorge wird weiterhin zunehmen. Kein Wunder also, dass sich Großeltern, die mit dem Problem unmittelbar konfrontiert sind, auch Gedanken um den frühzeitigen Aufbau einer solchen Vorsorge für ihre Enkel machen, für die dieses Thema in weiter Ferne liegt. (Näheres hierzu finden Sie im Kapitel „Die Zukunft".)

Die Erwerbsquote (der prozentuale Anteil der Erwerbspersonen an der gesamten Bevölkerung) liegt bei den 15- bis unter 65-jährigen Männer ungefähr bei 80 Prozent und bei den Frauen im erwerbsfähigen Alter bei 63 Prozent. Schon allein dieser hohe Frauenanteil unter den Erwerbspersonen macht das Bild von der strickenden und Plätzchen backenden Oma mit dem Knoten im Haar und der Nickelbrille auf der Nasenspitze revisionsbedürftig.

Noch ein weiterer Aspekt ergibt sich aus der allgemeinen Erwerbsstatistik: Je höher der Anteil der erwerbstätigen Frauen ist, auf die Großmutterpflichten zukommen, desto schwieriger wird es für die folgende Generation, bei den künftigen Großeltern den erwarteten familiären Rückhalt zu finden. Denn die Großmutter wird dann nicht mehr so ohne weiteres selbstlos alles aufgeben, um das Enkelkind zu versorgen, damit die Mutter recht bald wieder arbeiten gehen kann. Wenn das Großelternpaar selbst noch im Berufsleben steht, werden die Familienkreise der Generationen einander sicherlich weniger berühren, als wenn die Großeltern bereits Rentner sind. In erstgenannter Situation wird dann schon mal die Urgroßmutter einspringen müssen.

Die Durchschnittsfamilie

Die moderne statistische Durchschnittsfamilie in Deutschland ist nicht mehr zu vergleichen mit der Großfamilie, die im ländlichen Raum verwurzelt und an den Erfordernissen der landwirtschaftlichen Produktion gewachsenen ist.

Seit Jahren ist die Zahl der Eheschließungen in Deutschland rückläufig. Jahr für Jahr werden in der Bundesrepublik rund 175 000 Ehen geschieden. Berechnet nach einer 40-jährigen Ehedauer werden aufgrund der statistischen Scheidungsneigung rund 35 Prozent aller Ehen geschieden. Dabei hat sich das Scheidungsrisiko bei den Ehen, die erst kurze Zeit bestehen, erhöht. Der Scheidungsgipfel liegt allerdings nicht im verflixten siebten, sondern im fünften Ehejahr.

Auch bei der Scheidung langjähriger Ehen ist ein Verhaltensmuster zu erkennen. Immer mehr Paare über 50 müssen ihren erwachsenen Kindern und ihren Enkelkindern beibringen, dass sie sich getrennt haben. Es ist für ein Kind zwischen 4 und 7 Jahren nur schwer nachvollziehbar, warum sich der Opa von der Oma trennt und mit einer Frau zusammenlebt, die jünger ist als seine Mami.

Im internationalen Vergleich gehören die alten Bundesländer zu den mehrheitlich westeuropäischen Ländern, in denen die Scheidungsneigung seit den Siebzigerjahren kontinuierlich angestiegen ist. In den neuen Bundesländern musste erst der Schock des Ehegattenunterhalts, den die DDR quasi nicht kannte, verkraftet werden. Auch die ungewohnt hohen Prozesskosten hielten viele Scheidungswillige vom Gang zum Anwalt ab. Mittlerweile aber nähert man sich kontinuierlich den Werten der alten Bundesländer an beziehungsweise dem Spitzenwert, der mit einer Scheidungsneigung von über 38 Prozent 1986 in der damaligen DDR erreicht wurde. Die Scheidungsraten der meisten westeuropäischen Länder klettern allmählich auf das, in den skandinavischen Ländern bereits seit längerem bestehende, hohe Niveau von ca. 45 Prozent.

Neben der offiziellen Scheidungsstatistik muss man beachten, dass viele Paare die Kosten und den Aufwand einer Scheidung vermeiden möchten, ebenso wie den gesellschaftlichen Prestigeverlust und eventuelle gesellschaftsrechtliche Konsequenzen. Solche Paare bleiben zwar offiziell verheiratet, leben aber dauernd getrennt. Auch diese nicht geschiedenen Paare bringen das idyllische Familienbild durcheinander.

In Deutschland werden pro Jahr ca. 130 000 Schwangerschaften abgebrochen. In den alten Bundesländern haben es die Eltern von 25- bis 30-jährigen Frauen (ca. 26 Prozent der Schwangerschaftsabbrüche) am schwersten, Großeltern zu werden. In den neuen Bundesländern müssen am häufigsten die Eltern 30- bis 35-jähriger Frauen (ca. 27 Prozent der Schwangerschaftsabbrüche) auf das (oder ein weiteres) Enkelkind verzichten.

Auf der einen Seite werden Kinder, die in geschiedenen oder getrennt lebenden Familien aufwachsen, oft auf eines der beiden Großelternpaare verzichten müssen. Auf der anderen Seite können Trennung oder Scheidung und eine neue Beziehung oder die Wiederheirat der Eltern dazu führen, dass die Kinder zu mehr als zwei Großelternpaaren Kontakte unterhalten. Mit dieser Situation müssen die Kinder behutsam vertraut gemacht werden.

Das neue Kindschaftsrecht regelt in diesem Zusammenhang nicht nur das gemeinsame Sorgerecht der Eltern nach einer Scheidung, sondern auch das Umgangsrecht der Großeltern, wenn dies dem Wohl des Kindes dient. Da eine einschlägige Rechtsprechung hierzu jedoch noch nicht vorliegt, können die Konsequenzen aus dem neuen Gesetz für den Umgang der „geschiedenen" Großeltern im Einzelnen noch nicht ermessen werden.

Wenn Großeltern fehlen

Wenn Großeltern fehlen, fallen nicht nur bestimmte interfamiläre Versorgungsleistungen weg. Kinder, die ein echtes Bedürfnis nach Großeltern haben, suchen sich Ersatzgroßeltern, entweder in der Familie oder außerhalb. Sie tun das meistens spontan und ohne Kalkül. Es scheint, als drücke sich darin das Bedürfnis nach der archaischen Großfamilie, die mehrere Generationen umfasst und die zu Recht totgesagt wird, unbewusst aus.

Kinder suchen sich ihre Ersatzgroßeltern nicht nur im Kreis der Verwandtschaft. Auch der alte Buchbinder, der in einer Nebenstraße sein Geschäft betreibt, oder die ältere Dame, die im gleichen Haus wohnt, können diese Rolle übernehmen. Dabei ist es vollkommen gleichgültig, ob die Kinder „Frau Mendokat" oder „Oma Mendokat" sagen. Vielmehr wollen sie offensichtlich die Vollständigkeit der Generationenfolge, die sie in der Gesellschaft alltäglich beobachten, auch im Kreis der Familie beziehungsweise der häuslichen, familiären Umgebung erleben.

Die Rolle der Großeltern in der Familie

Welche Rolle spielen die Großeltern eigentlich in der Familie? In dem Roman „Geh, wohin dein Herz dich trägt" von Susanna Tamaro schreibt die Großmutter ein Tagebuch für ihre flügge gewordene Enkelin. Dabei stößt sie auf die Frage, wie man ein Kind nennt, dass seine Großeltern verliert.

„Waise? Ich bin mir nicht sicher. Vielleicht werden Großeltern als etwas so Nebensächliches betrachtet, dass man kein besonderes Wort braucht, um ihren Verlust zu bezeichnen. Nach ihrem Tod ist man weder Waise noch verwitwet. Man lässt sie wie selbstverständlich am Wegrand zurück, so wie man unterwegs zerstreut einen Regenschirm liegen lässt."5

Ist der Umgang, den die Familie mit den Großeltern pflegt, tatsächlich so unachtsam? Oder haben wir uns nur nicht den richtigen Begriff davon gemacht?

Die Rolle der Großeltern in der Familie wurde im Vierten Familienbericht der Bundesregierung von 1987 ausführlich beschrieben und gewürdigt. Er ist vor allem deshalb noch heute interessant, weil er einen Spezialbericht zur Lage älterer Menschen darstellt. Unter anderem wird darin festgestellt, dass bei relativ gesunden, in ihrem eigenen Haushalt lebenden, älteren Menschen die bevorzugte Antwort auf innerfamiliäre Probleme die aktive Hilfeleistung ist, „die entweder durch Mithilfe im Haushalt der Tochter oder Schwiegertochter oder durch finanzielle Hilfen, etwa beim Hausbau oder durch Betreuung der Enkel gewährt wird."6

Aus dieser Feststellung geht hervor, dass der gemeinte innerfamiliäre Zusammenhang auch als interfamiliäre Hilfeleistung aufgefasst werden kann, als Hilfe der älteren Familie für die jüngere.

Die intensiver untersuchten amerikanischen Verhältnisse können auch für die Situation in Deutschland als Modellfall dienen. In einer US-amerikanischen Studie wurde festgestellt: Mehr als die Hälfte der über 80-jährigen Bewohner der Vereinigten Staaten gewährt der Folgegeneration, das heißt ihren Nachkommen, die im mittleren Erwachsenenalter stehen, finanzielle Unterstützung. Das Prinzip der gegenseitigen Verpflichtungen und Abhängigkeiten wird zwar allgemein anerkannt, dennoch wird die gegenseitige Respektierung der persönlichen Autonomie als bedeutsam hervorgehoben.

In amerikanischen wie auch in europäischen Studien „wird die Bedeutung der getrennten Wohnweise für die Aufrechterhaltung positiver emotionaler Beziehungen zwischen der ältesten und der mittleren Generation hervorgehoben."7

Diese Auffassung vertritt auch Christa Meves in ihrem Großeltern-ABC. Liebevoller Abstand, schreibt sie, sei die erste und grundlegende Voraussetzung zur Verwirklichung von glücklicher Großelternschaft. Und das beziehe sich nicht nur auf die Anfangszeit, in der die Aufgeregtheit und das Bedürfnis, helfend einzugreifen, naturgemäß am größten sind. „Es sollte eine langfristig gepflegte Grundeigenschaft den jungen Familien gegenüber bleiben. Sich in dieser Hinsicht immer wieder an die Kandare zu nehmen, ist umso nötiger, je enger Jung und Alt zusammenwohnen, je mehr Zeit die Alten haben und je lebenskräftiger sie sind."[8]

Die Hilfe, die inner- oder interfamiliär geleistet wird, kann sehr unterschiedlich aussehen. Amerikanischen Untersuchungen zufolge leisten Großeltern aus der Mittelschicht eher finanzielle Hilfe für die jüngere Generation, Großeltern aus der Arbeiterschicht springen den Jüngeren eher mit praktischer Hilfe bei.

Im Grunde war und ist es bei uns nicht sehr viel anders. Vermögende Großeltern helfen der jungen Familie häufig mit einem Familiendarlehen beim Bau des eigenen Hauses, weniger vermögende Großeltern packen auf der Baustelle mit an.

Großeltern leisten aber nicht nur ihren sachlichen Anteil für das Wohl und Gedeihen der Familie, sondern auch einen bedeutenden sozialen Beitrag. Großelterliche Verhaltensweisen und Reaktionen auf Probleme, die bei den Jüngeren auftreten, bestimmen wesentlich das Klima in der gesamten Familie. Großeltern nennen als typische Verhaltensweisen unter anderem:

➤ *Anpassung an die Eigenheiten und Bedürfnisse anderer*
  Das kann bedeuten, dass die Großeltern auch die für sie unverständlichen Verhaltensweisen der Kinder oder Enkel tolerieren. Dabei leisten sie einen unentbehrlichen Beitrag für die familiäre Harmonie und Integration.

➤ *Soziale Kontaktpflege*
  Das kann bedeuten, dass die Großeltern ihre Enkelkinder auch dann mit Aufmerksamkeiten und kleinen Geschenken, mit Briefen und Telefonanrufen verwöhnen, wenn sie von den Enkeln selbst kaum einmal eine Reaktion darauf erfahren.

➤ *Identifikation mit den Schicksalen und Zielen der Kinder und Enkel*
  Das kann bedeuten, dass die Großeltern erzieherische Ideen und Förderungen für die Enkel in die Tat umsetzen, weil die Eltern dafür keine Zeit (oder nicht genügend Geld) haben.

➤ *Zurückstellen eigener Bedürfnisse*
  Das kann bedeuten, dass es die Großeltern hinnehmen, auf einen lang er-

warteten Besuch der Enkel zu verzichten, damit diese an einem kurzfristig anberaumten Schulausflug teilnehmen können, oder dass die Großeltern ihrerseits auf den Besuch einer Veranstaltung verzichten, um in dieser Zeit die Enkelkinder zu betreuen.

➤ *Korrektur von Erwartungen*

Das kann bedeuten, dass Großeltern akzeptieren lernen, dass die Karriere des Schwiegersohnes nicht dem erwarteten Höhenflug gleicht, dass die Tochter sich scheiden lässt oder dass der kleine Enkel nicht – wie die Urgroßeltern, Großeltern und Eltern – musikalisch begabt, sondern völlig unmusikalisch ist.

Die Untersuchungen, die im Umfeld des Vierten Familienberichts der Bundesregierung angestellt wurden, belegen bemerkenswerte Reaktionsmuster 65- bis 85-jähriger Frauen und Männer in Bezug auf familiäre Probleme. Personen dieser Altersgruppen zeigen „ein hohes Maß an Differenzierungsvermögen und ein ausgewogenes Zusammenspiel von tatkräftiger Hilfe auch für die jüngere Generation und intensiven Bemühungen um Verständnis dieser Generation und um Änderung eigener Einstellungen. Stereotypien wie jene vom stets grantelnden Urahn oder der stets aufgeregten und hilflosen Oma müssen danach aufgegeben werden."[9]

Was 1987 stimmte, trifft in noch viel stärkerem Maß auf die Jahrtausendwende zu. Vor allem Großeltern, die viel Zeit mit ihren Enkelkindern verbringen können und mehr Zeit haben, sich mit den spezifischen Problemen dieser Generation zu beschäftigen, bringen oftmals mehr Verständnis auf, als es die Eltern vermögen. Besonders wenn die Enkel älter sind, ihre Ausbildung abschließen oder ihr Studium beginnen, gehen Großeltern und Enkel nach einer Phase der relativen Abstinenz wieder stärker aufeinander zu. Soziologen drücken das so aus: Die Hinwendung der Jüngeren zu den Älteren ist keine Mitleidreaktion, sondern bedeutet die Anerkennung der hohen sozialen Kompetenz der Großeltern beziehungsweise Urgroßeltern im Umgang mit Jüngeren.

Großeltern, wie sie im Buche stehen

Eines der ersten literarischen Zeugnisse über die Großmutter, mit dem ein Kind in Berührung kommt, ist das Märchen von Rotkäppchen.

Es war einmal eine kleine, süße Dirne, die hatte jedermann lieb, der sie nur ansah, am allerliebsten aber ihre Großmutter, die wusste gar nicht, was sie alles dem Kinde geben sollte. Einmal schenkte sie ihm ein Käppchen von rotem Sammet, und weil ihm das so wohl stand und es nichts andres mehr tragen wollte, hieß es nur das Rotkäppchen.

Es kann kein Zufall sein, dass die Großmutter in diesem Märchen von der übrigen Familie getrennt lebt. Mehr noch: Rotkäppchen hat, wie wir wissen, die allergrößten Schwierigkeiten, durch den dunklen und gefährlichen Wald überhaupt zur Großmutter zu gelangen.

Aus der historischen Familienforschung wissen wir, dass die Großfamilie, die drei Generationen umfasst, eher die Ausnahme darstellt, obwohl sie in bestimmten Regionen gehäuft vorkommt. In der Vergangenheit war die Atmosphäre in diesen Familienverbänden alles andere als harmonisch. Die Spannungen und Konflikte zwischen den auf dem Altenteil lebenden Großeltern und ihren Kindern waren so groß, dass sie eine räumliche Trennung der Generationen notwendig machten. Ein starker erzieherischer Einfluss der Großeltern dürfte also eher selten gewesen sein. Und eine starke emotionale Bindung über die mittlere Generation hinweg wirkt, nüchtern betrachtet, eher märchenhaft als realistisch.

Das Idyllische, das die Großeltern-Enkel-Beziehung umwallt, ist vielmehr aus der Rückschau entstanden.

In einem Gedicht aus dem Jahr 1757 heißt es unter anderem:

Erhabner Groß-Papa! Ein neues Jahr erscheint,
Drum muss ich meine Pflicht und Schuldigkeit entrichten,
Die Ehrfurcht heißt mich hier aus reinem Herzen dichten,
So schlecht es aber ist, so gut ist es gemeint. (…)

Erhabne Groß-Mama! Des Jahres erster Tag
Erweckt in meiner Brust ein zärtliches Empfinden,
Und heißt mich ebenfalls Sie jetzo anzubinden
Mit Versen, die vielleicht kein Kenner lesen mag …

Der Verfasser, der sich hier in ziemlich holprigen Alexandrinern äußert, heißt Johann Wolfgang von Goethe. Man sollte ihm zugute halten, dass er sie mit 7 Jahren niederschrieb.

Lehrreich ist immerhin zu erfahren, dass er seine „Großeltern Textor" in seinen Versen nicht nur mit „Sie" anredet, sondern dass er sie auch in den Zustand der Erhabenheit entrückt. Außerdem lässt er erkennen, dass die Beziehung vor allem von „Pflicht und Schuldigkeit" dominiert wird und dass eine emotionale Bindung damit zwar nicht ausgeschlossen, aber jedenfalls auch keine Voraussetzung ist.

Zu den aus heutiger Sicht seltsamsten literarischen Zeugnissen über die idyllische Großfamilie gehört das Gedichte „Das Gewitter", das Gustav Schwab, ein Dichter der Romantik, 1828 geschrieben hat. Es erheitert zum einen durch die klischeehafte Darstellung der Tätigkeiten, die die Vertreterinnen der vier Generationen, die in diesem Gedicht angesprochen werden, charakterisieren. Zum anderen verblüfft der Schluss, von dem man heute nicht mehr annehmen mag, dass er einmal ernst gemeint war.

Das Gewitter

1. *Urahne, Großmutter, Mutter und Kind*
   In dumpfer Stube beisammen sind;
   Es spielet das Kind, die Mutter sich schmückt,
   Großmutter spinnet, Urahne gebückt
   Sitzt hinter dem Ofen im Pfühl –
   Wie wehen die Lüfte so schwül!

2. *Das Kind spricht: „Morgen ist's Feiertag,*
   Wie will ich spielen im grünen Hag,
   Wie will ich springen durch Tal und Höhn,
   Wie will ich pflücken viel Blumen schön;
   Dem Anger, dem bin ich hold!" –
   Hört ihr's, wie der Donner grollt?

3. *Die Mutter spricht: „Morgen ist's Feiertag,*
   Da halten wir alle fröhlich Gelag,
   Ich selber, ich rüste mein Feierkleid.
   Das Leben es hat auch Lust nach Leid,
   Dann scheint die Sonne wie Gold!" –
   Hört ihr's, wie der Donner grollt?

4. *Großmutter spricht. „Morgen ist's Feiertag,*
   Großmutter hat keinen Feiertag,
   Sie kochet das Mahl, sie spinnet das Kleid,
   Das Leben ist Sorg' und viel Arbeit;
   Wohl dem, der tat, was er sollt'!" –
   Hört ihr's, wie der Donner grollt?

5. *Urahne spricht: „Morgen ist's Feiertag,*
   Am liebsten morgen ich sterben mag.
   Ich kann nicht singen und scherzen mehr,
   Ich kann nicht sorgen und schaffen schwer,
   Was tu ich noch auf der Welt?" –
   Seht ihr, wie der Blitz dort fällt?

6. *Sie hören's nicht, sie sehen's nicht,*
   Es flammet die Stube wie lauter Licht:
   Urahne, Großmutter, Mutter und Kind
   Vom Strahl miteinander getroffen sind,
   Vier Leben endet ein Schlag –
   Und morgen ist's Feiertag.

Von den zugehörigen Männern darf wohl angenommen werden, dass sie ent-

weder durch Tod bereits abhanden gekommen sind oder sich in fröhlicher
Feldarbeit auf den dörflichen Fluren
tummeln.

Ein wenig verrückter geht es in jenem
bekannten Scherzlied zu, in dem eine
Großmutter ein zweirädriges Kraft-
fahrzeug bewegt. Dieses Lied ist in verschiedenen Formen überliefert und in
früheren Zeiten war es eine Art Gesell-
schaftsspiel, zu den überlieferten immer
neue Strophen hinzuzudichten. Seltsam
berührt, wie alte Großmutter-Klischees
gleichzeitig konserviert und durchbro-
chen werden, wie mit tradierten Werten
ein derber Spaß getrieben wird.

Meine Oma fährt im Hühnerstall Motorrad

*1. Meine Oma fährt im Hühnerstall
Motorrad,
Motorrad, Motorrad.
Meine Oma fährt im Hühnerstall
Motorrad,
Meine Oma ist 'ne ganz patente Frau.*

*2. Meine Oma hat im hohlen Zahn ein
Radio, ...*

*3. Meine Oma hat 'nen Nachttopf mit
'ner Lampe, ...*

*4. Meine Oma hat 'ne Glatze mit Gelän-
der, ...*

*5. Meine Oma hat 'nen Petticoat aus
Wellblech, ...*

*6. Meine Oma hat 'nen Krückstock mit
'nem Rücklicht, ...*

Und so weiter und so fort bis in alle
Ewigkeit.

Bei den Großeltern, die Maxim Gorki in
„Meine Kindheit" schildert, geht es weniger lustig zu. In der Familie, die Gorki
beschreibt, sind Alkoholprobleme und
gewalttätige Übergriffe an der Tagesord-
nung. Der Großvater schlägt die Großmutter und andere Familienmitglieder.
Im Rausch prügeln sich die Onkel und
die Auseinandersetzungen zwischen Eltern und Großeltern werden mit einer
Schärfe geführt, die dem kleinen Jungen,
der das alles erleben muss, die häusliche
Atmosphäre zur Hölle macht. Der kleine
Gorki erlebt seine Großmutter, die sich
trotz aller Demütigungen eine geachtete
Position in der Familie erhält und von
ihrem Enkel sehr geliebt wird, als Be-
schützerin, ja als Lebensretterin vor den
Attacken des gewalttätigen Großvaters.
Großmutter weiß Geschichten zu erzählen, Heldengeschichten von Iwan dem
Krieger und Miron dem Eremiten. Und
sie ist eine ebenso kluge wie tatkräftige
Frau, die ihre Autorität aus Lebenserfah-
rung und Herzensbildung gewinnt.

Werner von Siemens, der Unternehmer
und Pionier der Elektrotechnik, schildert

hingegen eine harmonische Kindheit, die er auf der Domäne Menzendorf, die zum Großherzogtum Mecklenburg-Strelitz gehörte, erlebte. Für ihn und seine Geschwister war die Großmutter eine sehr wichtige Bezugsperson.

„Unsern Unterricht hatte meine Großmutter, die seit dem Tode ihres Mannes bei uns wohnte, übernommen. Sie lehrte uns lesen und schreiben und übte unser Gedächtnis durch Auswendig lernen unzähliger Gedichte. Vater und Mutter waren durch ihre wirtschaftlichen Sorgen und Letztere auch durch die in schneller Folge anwachsende Schar meiner jüngeren Geschwister zu sehr in Anspruch genommen, um sich viel mit unserer Erziehung beschäftigen zu können. (…) als meine Schwester und ich dem Unterricht der Großmutter Deichmann – geborene von Scheitern, wie sie nie vergaß ihrer Unterschrift beizufügen – entwachsen waren, gab uns der Vater ein halbes Jahr lang selbst Unterricht."[10]

Gerhart Hauptmann wiederum verbrachte seine Kindheit im schlesischen Badeort Salzbrunn. Sein Großvater war Bade- oder Brunneninspektor. „Er war also gleichsam ein souveräner Herr des Kurbetriebes mit allen seinen vorhandenen Anstalten",[11] schreibt Hauptmann später in seinen Erinnerungen „Das Abenteuer meiner Jugend".

„Wo er nicht ganz befahl, war dennoch sein Einfluss maßgebend. Ich glaube, er besaß auf dem fürstlich-plessischen Kurgebiet sogar Polizeigewalt."[12]

Dieser Großvater wirkte auf den Knaben Gerhart wie der Stellvertreter Gottes in Salzbrunn. Er hatte weder ein gutes noch ein schlechtes Verhältnis zu seinem Enkel, sondern gar keines.

„Ich glaube nicht, das ich immer ein liebenswürdiges Kind gewesen bin. Aber inwiefern ich mir die völlige Nichtbeachtung meines Großvaters zugezogen habe, weiß ich nicht. Wenn ich ihm, wie es wohl geschah, auf dem Weg vom Dachrödenshof zur Kurinspektion begegnete, war er entweder so stolz, gleichgültig oder in sich gekehrt, dass er meinen Gruß nicht erwidern konnte und nur kalt über mich hinwegblickte."[13]

Der abchasische Schriftsteller Fasil Abdulowitsch Iskander schreibt in seiner Erzählung „Der Großvater":

„Ein seltsamer Mann ist er, mein Großvater. Mein Interesse an ihm flammt von Zeit zu Zeit auf, erlischt aber sogleich wieder. Die geheimnisvollen Spuren seines langen, langen Lebens biegen grad in dem Augenblick, da sie, wie ich erhoffe, zum Kriegspfad des Abrek führen müssten, zu einem stinkenden Ziegenpferch ab oder zu einem unbestellten Acker. Etwas an ihm aber zwingt seine Nächsten, ihn zu achten und zu ehren, und das hindert sie, so zu leben, wie es ihnen passt, weshalb sie ihn häufig beschimpfen."[14]

Nichts Heldenhaftes wird vollbracht in dieser Geschichte, nur Haselgerten werden geschnitten, mit deren Transport sich der Enkel ziemlich abplagen muss. Und Geschichten von früher werden erzählt, aus einer Zeit, die selbst der Großvater nur vom Hörensagen kennt. Zu Hause schließlich erlebt der Enkel, wie die Familie wieder über den Großvater herzieht. „Doch auf einmal überkommt mich heißes Mitleid mit Großvater. Großvater, Großväterchen, denke ich, warum schimpfen sie bloß alle mit dir, warum nur?"[15]

Zu denken ist auch an Tschingis Aitmatows Roman „Der weiße Dampfer", eine tragische Großvater-Enkel-Geschichte von weltliterarischem Rang. Nachzulesen wäre in Christa Wolfs Roman „Kindheitsmuster", wie sich die Erzählerin, die zugleich Mutter ist, auf die Suche nach ihrer Kindheit macht, wodurch die Kinder-Eltern-Großeltern-Ebenen ständig verschoben werden. Oder bei Gerhard Zwerenz, der in den Zwanzigerjahren bei seinen Großeltern aufwuchs und der ihnen mit seinem Buch „Das Großelternkind" ein Denkmal setzte. Zu erinnern wäre außerdem an die eindrucksvollen Großeltern-Enkel-Szenen in den „Buddenbrooks" von Thomas Mann, besonders an die Darstellung des Generationengegensatzes zwischen Vater und Großvater im Eingangskapitel.

Und: Was wäre Adalbert Stifter ohne seine Großeltern, mit denen er, über den frühen Tod des Vaters hinweg, eng zusammengelebt hat und die in seinem Kindheits-Ich tiefe Spuren hinterlassen haben? Seine Erzählungen sind voll von Großelterngestalten und von eindrucksvollen Porträts von Menschen der älteren Generation.

„Stifter wäre der deutschen Literatur wohl gänzlich verloren gegangen, wenn sein Großvater mütterlicherseits es nicht gegen die ganze Umwelt durchgesetzt hätte, dass der ehemals schulbrave und als begabt bewunderte, später aber dem Kaplan zu eigenwillig gewordene Junge doch noch auf die Kremsmünsterer Schule kommt …"[16]

Man kann von Großvätern, so steht es im Buche, Dinge lernen, die einem kein anderer beibringen kann. Der Lyriker Heinz Kahlau schreibt in dem Gedicht „Einer meiner Lehrer":

Von meinem Großvater,
dem Dachdecker,
lernte ich, außer Dachdecken,
noch dies:
Wie man einen Hammer zuwirft.
Man zielt auf die Nase.
Fängt der andere –
oder fängt er nicht:
Es geht ihn an.[17]

Der Tipp, der in diesem Gedicht gegeben wird, ist übrigens einen Versuch wert …

Aus Eltern werden Großeltern

Wenn Eltern langsam älter werden, lockern sich verständlicherweise die Bindungen zu den Kindern. Die Kinder gehen ihre eigenen Wege, nicht nur geographisch, auch beruflich. Wenn alles gut läuft, beginnen sie ihren Berufsweg, wenn die Eltern den Zenit ihrer beruflichen Karriere erreicht oder bereits überschritten haben.

Der Idealfall, dass der Sohn in das Geschäft des Vaters eintritt und die Familientradition übergangslos fortsetzt, dürfte sich eher als Vorlage für einen Roman oder für eine Vorabendserie eignen als für die Wirklichkeit. Zum einen, weil viele Väter gar nicht in die Verlegenheit kommen, ihrem Sohn ein Geschäft zu vererben, zum anderen, weil das Rollenklischee des Stammhalters, der das väterliche Erbe zu übernehmen hat, nicht mehr in unsere Zeit passt, und zum dritten, weil die Veränderungen auf dem Arbeitsmarkt und im Geschäftsleben von den Jungen eine ganz andere Flexibilität erfordern, als sie bisher üblich war.

Im Regelfall schrumpft die Familie, wenn die Kinder aus dem Haus und eigene Wege gehen, auf das – nun verwaiste – Elternpaar zusammen. Die Kinder lassen sich oft sehr viel Zeit, selbst eine Familie zu gründen. Nach Elternhaus und überindividuellen WG-Erfahrungen haben sie das Bedürfnis, erst einmal für sich zu sein.

Die Lebensrhythmen von Jung und Alt lassen sich nicht mehr in einer Großfamilienpartitur harmonisieren. Die Bindungen zwischen den Generationen werden lockerer. Lockerer werden damit auch soziale Bindungen im großen, weit über die einzelne Familie hinausweisenden Maßstab. Im Extremfall reduziert sich die Bindung zwischen den Generationen auf das nüchterne Zahlungsverhältnis von Unterhaltsleistungen, die von den Älteren für die Jüngeren aufgebracht werden müssen, die noch in der Ausbildung stehen, oder die den Jüngeren für die Älteren abgefordert werden, die zum Pflegefall geworden sind.

Bis auf wenige Ausnahmen bieten sich gegenwärtig kaum sozialpolitische Verfahrensweisen an, mit denen man diesen Bindungsverlusten gezielt entgegenwirken könnte.

Übrigens

Einige Bundesländer bieten im Rahmen der „Vereinbarten Förderung" nach § 88 des Zweiten Wohnungsbaugesetzes sozialpolitische Hilfestellungen. Hierzu zählt zum Beispiel das Modell „Generationenverbundenes Wohnen".

Und dann bekommen die Eltern – nachdem sie sich schon fast daran gewöhnt haben, dass man die Kinder nur noch einmal im Jahr zu Weihnachten sieht – den Anruf, der alles verändert: „Mama, Papa, ihr werdet Großeltern!"

Die nächste Generation wird angekündigt

Wie erfahren Eltern eigentlich, dass sie demnächst Großeltern werden? Normalerweise erfahren sie es von ihren Kindern.

„Als wir ganz sicher waren, haben wir bei unserem nächsten Wochenendbesuch unsere Eltern eingeweiht; am Samstag meine und am Sonntag Jürgens Eltern", erinnert sich Regine. „Wir haben sehr aufgepasst, dass sich keins der beiden künftigen Großelternpaare benachteiligt sah, weil wir das andere eher informiert haben. Man weiß ja, wie eifersüchtig manchmal die einen Großeltern auf die anderen Großeltern sein können."

Thorsten und Petra hatten wohl die gleiche Befürchtung und lösten das Problem so: „Wir haben Eltern und Schwiegereltern zum Familienkaffee am Samstag eingeladen; da wir das sonst nicht allzu häufig tun, haben sie wohl schon geahnt, dass da etwas Besonderes im Busch ist. Dann haben wir die Torte noch mit kleinen Partyspießen in Form von Klapperstörchen garniert. Auch sonst haben wir diesen oder jenen versteckten Hinweis dezent im Raum untergebracht. Auf dem Sideboard lag zum Beispiel ein Buch ‚Vornamen von A bis Z'. Es war ein ziemlich lustiger Nachmittag, aber auf einen Namen haben wir uns noch nicht geeinigt."

Tobias hat es seiner Mutter Gerlinde auf etwas andere Weise beigebracht. Gerlinde war gerade auf Reisen, als Tobias' Frau Marlies Anfang September vom Frauenarzt kam und ganz sicher war. Er wusste nur, dass Gerlinde bei einer Freundin in Regensburg Station machen wollte, also schickte er dorthin ein Telegramm: „Ankomme Ende März 1990. Gruß, Markus." Gerlinde hatte aber mit ihrer Freundin eine Spritztour nach Italien gemacht. Als die beiden Damen zurückkamen, klebte am Gartentor ein Benachrichtigungszettel. Erna, Gerlindes Freundin, lief voraus, um das Telegramm abzufangen. Oft schickt man ja schlechte Nachrichten per Telegramm und sie wollte Gerlinde schonend auf das vermeintliche Unglück vorbereiten. Dann saßen die beiden Damen ratlos über dem Telegrammtext; Gerlinde kannte keinen Markus. Außerdem konnte sie sich nicht erklären, wer Anfang September 1989 seinen Besuch für Ende März 1990 ankündigte. Doch als sie sich genau diese Frage stellte, wer, um Himmelswillen, sich denn so langfristig ankündigen könnte, ging ihr ganz langsam ein Licht auf.

Aus Markus ist dann allerdings Marcella geworden.

Christiane (38) und Bernd (39) haben ihre Eltern lange auf Enkelkinder warten lassen. Über Gebühr lange, meinten Christianes Eltern.

„Mit jeder Anschaffung, die wir machten, wurden die Nachfragen drängender", berichtet Christiane. „Ob es denn nicht sinnvoller sei, erst einmal an ein Kinderzimmer zu denken. Ob denn das neue Auto auch familienfreundlich genug sei – nur so für alle Fälle gefragt. Und wenn wir in den Urlaub fuhren, bekamen wir zu hören, das sei ja schon vernünftig, dass wir noch mal unsere Freiheit genössen, denn wenn erst mal die Kinder da seien, wären wir ja angebunden und könnten nicht mehr so, wie wir wollten."

Wolfgang und Doris hatten genau das entgegengesetzte Problem. Wolfgangs

Mutter war alles andere als begeistert, als sie die Nachricht erhielt, dass sie demnächst Großmutter werden würde.

Wolfgang erinnert sich: „Ich habe selbst lange Zeit immer behauptet, dass ich gar keine Kinder will. Wahrscheinlich habe ich das so lange überall verkündet, bis ich es am Ende nicht nur selbst glaubte, sondern auch meine Mutter davon überzeugt hatte, dass es das Beste für Doris und mich sei, kinderlos zu bleiben. Dazu kamen bei Doris im Lauf der Jahre drei Fehlgeburten, sodass wir die Hoffnung eigentlich schon aufgegeben hatten. Mein Vater war schon einige Zeit zuvor gestorben, er hat gar nicht mehr erfahren wie sich unsere Theresa doch noch gegen allen Unbill durchgesetzt hat.

Meine Mutter reagierte äußerst reserviert. ‚Kinder', sagte sie, ‚warum denn nun noch? Ihr könntet es euch doch so schön machen. Ihr verdient beide gut, ihr könnt in den Urlaub fahren, wann ihr wollt und wohin ihr wollt.'

Das hat mich persönlich ziemlich verletzt. Denn uneingestanden hat sie mir bei dieser Gelegenheit mitgeteilt, wie sie meine Anwesenheit empfunden haben muss: als Belastung und Bindung, ohne die man angenehmer gelebt hätte, ohne die man es sich hätte ‚schön machen' können. Auf der anderen Seite habe ich auch verstanden, dass sie es eigentlich gut gemeint hat. Wir sollten es besser haben als sie. Meine Eltern waren 25 und

23, als ich auf die Welt kam. Ihre gesamte Kindheit war vom Nationalsozialismus und vom Krieg dominiert worden. Und in den ersten Nachkriegsjahren haben sie so eine rechte Lebensfreude wohl auch nicht entwickeln können. Und als es dann so weit war, dass sie sich wie die anderen auch mal einen längeren Urlaub an einer entfernteren Küste hätten leisten können, war ich da, auf den Rücksicht genommen werden musste. Ich bin deshalb wahrscheinlich auch das einzige Kind meiner Eltern geblieben."

Wolfgangs Mutter hatte am Anfang ein sehr reserviertes, man könnte fast sagen, hilfloses Verhältnis zu ihrer Enkelin Theresa. Mit jedem Besuch aber wurde das Verhältnis normaler und herzlicher. Heute ist sie eine begeisterte Großmutter.

Überflüssige Sorgen und überflüssige Einkäufe

„Ihr nehmt das alles viel zu leicht", sagte die „werdende Großmutter" Gerlinde zu ihrer Schwiegertochter. Doch die 34-jährige Medienwissenschaftlerin wollte sich durchaus nicht aus der Ruhe bringen lassen.

Streitpunkt, der zu dem apodiktischen Urteil der Älteren geführt hatte, war das Haustier. Marlies und Tobias hatten im Jahr zuvor im Urlaub eine junge Katze aufgenommen. Tobias' Mutter konnte sich eine spöttische Bemerkung dazu einfach nicht verkneifen: „Na, das soll wohl der Ersatz für ein Kind sein?"

Was sich in der Praxis bewährt hat

Grundsätzlich sollten Sie als Eltern nicht persönlich beleidigt auf die Kinderlosigkeit Ihrer erwachsenen Kinder reagieren. Es kann dafür Gründe geben, gesundheitliche, soziale, aktuelle und langwierige, aber auch solche Gründe, die Ihnen Ihre Kinder nicht nennen wollen. Sie sollten sich auch indirekt niemals eine Haltung anmerken lassen, die – auch nur unausgesprochen – suggeriert, die Lebensplanung Ihrer Kinder sei einzig und allein darauf abgestellt, Ihnen die Enkelkinder vorzuenthalten.

Der umgekehrte Fall, dass Sie als Eltern Ihren erwachsenen Kindern Vorhaltungen machen, dass es nicht der richtige Zeitpunkt oder überhaupt nicht angezeigt sei, Kinder in die Welt zu setzen, führt in der Regel ebenfalls zu lange andauernden Trübungen. Wenn Sie als Großeltern dann feststellen, dass Ihnen das Enkelkind vorenthalten wird, dürfen Sie sich nicht wundern: Schließlich haben Sie die Distanz selbst geschaffen, die nun mühsam wieder abgebaut werden muss.

Nun aber kam ein Kind und da hatte die Katze, meinte Gerlinde, zu verschwinden. Marlies und Tobias dachten aber gar nicht daran, die Katze verschwinden zu lassen. Bestärkt wurden sie darin von Tobias' Freund Günter, der auf dem Land groß geworden war – mit Hunden, Katzen, Hühnern und Schweinen – und der auch nicht häufiger krank gewesen war als andere Kinder, eher im Gegenteil.

„Was sie mir nicht alles an Schreckensszenarien ausgemalt hat. Als ich dann auch noch im Scherz sagte, so ein Kind könne einem schließlich eine Katze niemals ersetzen, war sie kurz davor, die Jugendhilfe anzurufen. Aber die Vorhaltungen wegen der angeblichen Gefährlichkeit unserer Katze hörten noch lange nicht auf. Geradezu sensationell hörte sich aus Gerlindes Mund die Äußerung einer Säuglingsschwester an, die erklärt haben soll, Katzenhaare seien ja so gefährlich für Säuglinge, denn sie könnten sich in die Ohren und in die Lunge bohren. Um meine Schwiegermutter zu beruhigen, habe ich bei meinem nächsten Besuch der Kinderärztin das Problem vorgetragen. Sie schaute mich an, als ob ich nicht alle Tassen im Schrank hätte. Sie hielt mich natürlich für eine hysterische Spätgebärende, die ihre Schwiegermutter nur vorschiebt, um nicht eingestehen zu müssen, dass sie sich selbst mit höchst überflüssigen Sorgen herumschlägt.“

Ganz im Ernst: Die Sorge, dass die eigenen Kinder alles viel zu leicht nehmen und gar nicht fähig sind, Kinder aufzuziehen – selbst wenn sie schon ein Stückchen über 30 sind –, ist bei der Generation der künftigen Großeltern weit verbreitet. Aus der Rückschau gestehen sie dann doch, wie Gerlinde: „Die überflüssigsten Sorgen, die ich mir gemacht habe, waren: Ob die Schwangerschaft gut verläuft, ob die Geburt gut verläuft, ob das Kind normal ist.“

Auch Einkäufe sind oft überflüssig oder voreilig. Ein Dreirad muss man nicht schon Monate vor der Entbindung kaufen. Besonders Großväter neigen hin und wieder dazu, technisches Spielzeug einzukaufen, „weil es eine günstige Gelegenheit war“. Nichts veraltet schneller als technisches Spielzeug. Und bis das Kind in dem Alter ist, in dem es damit überhaupt umgehen kann, gibt es garantiert noch etliche Male eine günstige Gelegenheit.

Was Babys brauchen, wissen Eltern in der Regel besser als Großeltern. Auch wenn Sie als Großeltern meinen, Ihre Kinder und Schwiegerkinder denken nur, dass sie es besser wissen, in Wirklichkeit aber … Schweigen Sie und schlagen Sie sich ein für allemal aus dem Kopf, den Gedanken zu äußern, den Sie dann haben. Irgendwann kommt der Moment, in dem der junge werdende (oder gerade gewordene) Vater oder die

Mutter fragt: „Fällt euch noch was ein?"
Dann kommt Ihre Stunde (und keine
Minute früher), dann können Sie loswer-
den, was Ihnen schon seit Wochen am
Herzen liegt, zum Beispiel, dass das
allerliebste Kron-Enkelkind unbedingt
einen Stubenwagen braucht; und weil Sie
auch schon einen im Auge haben und
bereit sind, ihn aus eigener Tasche zu bezahlen, stimmen die Eltern dieser Überlegung zu. (In Wirklichkeit sind Sie nicht
nur bereit dazu, den Wagen zu kaufen,
sondern ganz wild darauf, aber sagen Sie
das nicht, das könnte andere Begehrlich-
keiten wecken.) Andere Ihrer Vorschläge
werden die Eltern verwerfen; grämen Sie
sich nicht, lächeln Sie und gehen Sie den
Stubenwagen kaufen.

Gerlinde hat es mit überflüssigen Ein-
käufen besonders schlimm erwischt.
„Als Marcella geboren wurde, hieß das
Land im Osten noch DDR. Und ich habe
stapelweise Baumwollwindeln gekauft,
das war Mangelware in der ehemaligen
DDR, reine Baumwolle sollte es sein, weil
ich sicher war, dass es für das Kind das
Beste ist. Ein Vierteljahr später kam die
Währungsunion und mit ihr die Weg-
werfwindel."

Aber nicht nur „vorgeburtliche" Einkäufe erweisen sich häufig als verfehlt.
Wolfgang berichtet, was sich bei fast
allen jungen Familien ereignet, wenn die
Großeltern zu Besuch sind. „Bei jedem
Besuch brachten Doris' Eltern und meine
Mutter etwas mit. Nur Kleinigkeiten. Es
gab auch nicht diesen Wettbewerb, dass
die Großeltern einander ausstechen
wollten. Aber es hatte sich eingebürgert,
dass es jedes Mal etwas gab, wenn die
Großeltern kamen. Bis es uns wirklich zu
viel wurde. Wir haben dann nachdrück-
lich darum gebeten, nichts mehr mitzu-
bringen. Nicht nur, weil wir vor Plüsch-
tieren und Quietsche-Entchen nicht
mehr gehen konnten. ,Theresa freut sich,
weil ihr kommt und weil ihr da seid', haben wir gesagt, ,und nicht, weil ihr was
mitbringt.' Und so ist es auch."

Glückliche Eltern, die noch sagen können: So ist es auch. Denn was Großeltern
mit dem gut gemeinten Trommelfeuer
von Kleinigkeiten, die bei jedem Besuch
mitgebracht werden, bei den Enkelkindern anrichten, bekommen sie eines Tages selbst zu spüren. Sie reagieren dann
möglicherweise verletzt und beleidigt
darauf.

Enkel erstellen rasch die einfache Glei-
chung: Großeltern = Geschenk. Sie glauben Anspruch auf das zu haben, was
man ihnen gewährt. Irgendwann kommt
schließlich der Moment, dass sie es als
selbstverständlich einfordern, von den
Großeltern etwas zu bekommen. Die
meisten Großeltern sind dann erschüt-
tert und beklagen die Erziehungsfehler
der Eltern. Aber eigentlich haben sie den
Grundstein für dieses Verhalten selbst
gelegt.

Diese Erfahrung musste auch die Werbefachfrau und Großmutter Lois Wyse machen. Ihre Enkeltochter Marisa hatte in einem Schulaufsatz über den tieferen Sinn des Großelterndaseins kurz und bündig geschrieben:

„Es ist nett, Großeltern zu haben, denn sie schenken mir Spielsachen und hübsche Kleider."[18]

Was sich in der Praxis bewährt hat

Wenn Sie als Großeltern Ihrem Enkelkinder etwas mitbringen möchten, das man nicht im Laden kaufen kann, dann versuchen Sie es doch einfach mal mit der eigenen Stimme. Besprechen Sie eine Kassette, dann bleiben Sie Ihrem Enkelkind auch erhalten, wenn Sie schon wieder abgefahren sind. Erzählen Sie, am besten gemeinsam, was sich in der Zeit ereignet hat, in der Sie von Ihrem Enkel getrennt waren. Sie müssen sich keine großartigen Geschichten ausdenken. Beschreiben Sie, was in Ihrer Straße am Abend geschieht oder was Sie in Ihrem Garten verändert haben. Einen Kassettenrecorder hat fast jedes Kind neben dem Bett stehen. Also warum soll die Gutenachtgeschichte immer nur von Benjamin Blümchen kommen und nicht von den eigenen Großeltern?

Das Geheimwissen der Großmütter

Wer irgendwann einmal mit einem Baby zu tun hatte, der weiß, dass es Situationen gibt, denen man hilflos ausgeliefert ist. Eltern stehen solchen Situationen natürlich besonders häufig gegenüber.

Das Baby brüllt.

Es ist sauber, es ist satt, es ist auch nicht müde. Es ist weder zu warm eingepackt noch zu leicht angezogen. Es hat getrunken und es ist gestreichelt worden.

Aber es brüllt.

Wenn man Glück hat, nähert sich in diesem Moment die Großmutter mit erbarmender Geduld und dem über viele Weibergenerationen weitergegebenen Hexenwissen. Und vielleicht entspinnt sich dann folgender Dialog.

„Na, dudu! Wadde hadde dudde da? Hadde dudde Hunger?"

„Mutti, sprich bitte vernünftig mit dem Kind!"

„Ist ja okay. Was hat die Kleine denn. Hat sie vielleicht Hunger?"

„Nein, sie hat gegessen und getrunken. Sie ist schon den ganzen Vormittag so drauf."

„Windel voll?"

„Nee, Windel sauber!"

„Heute schon was gemacht?"

„Nee, gestern auch nicht."

„Aha!"

Dieses „Aha" ist ein kritischer Moment. Wird es eine Nuance zu verächtlich oder überheblich ausgesprochen, kann der Dialog sofort abbrechen und die Großmutter erhält keine Chance mehr, ihr Hexenwissen zur Verbesserung des kindlichen Wohlbefindens einzusetzen. Das „Aha" bedeutet der Tochter oder Schwiegertochter, dass sie etwas versäumt oder falsch gemacht hat. Es kann aber so ausgesprochen werden, dass es heißt: „Kann ja mal vorkommen." Es kann aber auch, in anderer Artikulation, heißen: „Du hast natürlich wie immer keine blasse Ahnung!"

Die Erfahrung belegt indes, dass es einer Großmutter nur in den seltensten Fällen gelingt, dieses „Aha" zu unterdrücken ...

„Was heißt hier ‚Aha'?"

„Sie kann wohl nichts machen, heißt das."

Mit geübten Händen zieht Großmutter das Mädchen aus. Mit jedem Handgriff kehrt mehr Erinnerung an die eigenen drei Kinder und ihre Wehwehchen in die Fingerspitzen zurück. Sie drückt der Kleinen rhythmisch die Beinchen gegen den Bauch, sodass es ein bisschen wie künstliche Beatmung aussieht, nur andersherum.

Das Kind strengt sich mächtig an, drück und presst, aber es kann immer noch nichts machen.

Die anschließende Bauchmassage mit Babyöl erregt zwar nicht den Widerwillen des kleinen Mädchens, bringt aber auch nicht den gewünschten Effekt.

„Dann versuchen wir es mit Seife!", entscheidet die Großmutter, jetzt ganz Hexe.

„Bist du verrückt, Mutti? Was willst du jetzt mit Seife?"

„Haste mal 'n Stück Kernseife?"

„Wo soll ich denn jetzt Kernseife hernehmen?"

„Dann gib mir mal was von der Handwaschseife!"

Großmutter schält mit dem Küchenmesser einen kleinen Streifen (ca. 3 mm breit und 10 mm lang) von der milden, möglichst unparfümierten Handwaschseife, macht ihn nass und glitschig und will ihn gerade ...

„Mutti! Was hast du vor?"

„Na, in den Po damit!"

„Das wirst du nicht tun!"

„Werd ich wohl!"

Und schwupps, ehe die Tochter ihr in den Arm fallen kann, schiebt sie den seifigen Glibberspan in Enkelchens Po.

„Wirste gleich sehen, was jetzt passiert!"

„Da bin ich aber gespannt!"

„Pass mal auf! Das hab ich bei euch gemacht, und das hat meine Mutter bei mir gemacht und deren Mutter und deren Mutter wieder, und das hat immer funktioniert und funktioniert auch immer noch. Kernseife wäre natürlich besser."

„Aber wenn sie das nicht verträgt?"

„Das haben bisher alle vertragen."

Die unguten Gefühle der jungen Mutter, die Ängste vor Infektionen, Vergiftungen, Allergien, werden besänftigt, als nach kaum zwei Minuten ein prachtvolles Würstchen auf die ausgebreitete Windel plumpst.

„Siehste!"

Das Gegenstück zum „Aha". Wenn ich Ihnen raten darf, liebe Großmutter, sprechen Sie dieses Wort bescheiden und gedämpft aus, ohne jedes Triumphgeheul! Das kleine Mädchen ist glücklich und lacht Mutter und Großmutter an. Und der Vater, der in diesem Moment nach Hause kommt – wie immer zu spät, um Rat und Hilfe zu geben –, sagt: „Logisch! Ich hab die Schrauben auch eingeseift, bevor ich sie in die Regale geschraubt hab, ging dann gleich viel leichter."

Und weil Mütter nicht aufhören, von ihren Müttern zu lernen, wird von nun an immer ein Stück Kernseife im Haus sein. Wer weiß, wozu man es noch brauchen kann …

Vielleicht sind das ja Hausmittel, die den Kinderarzt auf die Palme bringen. Sie sollten auf jeden Fall nur angewendet werden, wenn der Natur anderweitig nicht auf die Sprünge geholfen werden kann.

Einen anderen Trick hatte Oma Martha parat, als Gerlinde den kleinen Tobias nicht dazu bewegen konnte, den ach so gesunden Spinat zu essen. Dabei gab sich Gerlinde immer so viel Mühe. Sie zog sich zum Füttern stets einen frisch gewaschenen, weißen Kittel an. Einerseits, um sich die Garderobe nicht zu verschmutzen, wenn mal was daneben ging, andererseits aber, um die Keime und Bakterien, die an der Tageskleidung hafteten, nicht in die Nähe des Kleinkindes zu bringen.

Das sei zwar etwas übertrieben, meinte Oma Martha, aber dafür war der Effekt umso schöner, als Tobias seinen ersten Spinat eingeflößt bekam. Er füllte sich die Backentaschen damit, schluckte aber keineswegs, sondern spuckte den grünen Segen im hohen Bogen aus und verteilte ihn großflächig auf dem blütenweißen Kittel der Mama.

„Mach Zucker ran!", empfahl Oma Martha.

„Zucker an den Spinat? Igitt, das ist ja widerlich. Das schmeckt doch nicht."

„Dir nicht, ihm schon!"

Gesagt, getan.

Auch wenn schon der bloße Gedanke daran Überwindung kostete, der Spinat wurde mit Zucker gesüßt und Tobias schlabberte ein ganzes Schüsselchen davon weg.

Man merkt, die Geschichte spielt vor der Erfindung der Fertigbreis, als die Babykost von den Müttern noch selbst zubereitet, zusammengerührt und verkostet werden musste; und als noch die Legende ging, Spinat sei so unverzichtbar und gesund, dass man ihn Kleinkindern gleich schüsselweise einflößen müsse. Am Grundprinzip kann aber – in wohl dosierten Maßen – festgehalten werden: Eine ungewohnte Nahrung, die erst einmal abgelehnt wird, kann durch bekannte Komponenten „versüßt" werden. Dies gilt auch im übertragenen Sinn, denn es muss nicht immer Zucker sein, der die gewünschte Anmutung herstellt.

Grundsätzlich tun Großeltern gut daran, sich beizeiten daran zu gewöhnen, ihr Wissen und ihre Erfahrungen nicht ungefragt und bei jeder sich bietenden Gelegenheit zum Besten zu geben.

Das gedeihliche Zusammenleben mit Ihren erwachsenen Kindern und Ihren Enkeln hängt in entscheidendem Maß davon ab, dass Sie der Versuchung widerstehen können, die Initiative an sich zu reißen.

Sosehr es Sie auch reizt: Sie sollen nicht das Sagen haben, sondern zunächst einmal nur das Hören. Hören Sie Ihren Kindern aufmerksam zu. Ist Ihr Rat gefragt? Ist Ihre Hilfe erwünscht? In welchem Umfang ist sie erwünscht?

Geduld ist auch hierbei die erste Großelternpflicht. Warten Sie ab, bis man Ihren Rat einholt. Geben Sie Ihren Kindern die Chance, Sie um Ihre Hilfe zu bitten. Haben Sie niemals den Ehrgeiz, alles besser zu wissen und besser zu können als Ihre Kinder. Großeltern sein, heißt Geduld zu haben. Warten Sie, bis sich Ihre Kinder in ihrer Elternrolle zurechtgefunden haben. Und das gilt nicht nur für die Zeit unmittelbar vor und unmittelbar nach der Geburt des Enkels. Das gilt im Grunde für jede Situation, die die Eltern des Kindes vor komplizierte Prob-

---

Kleiner Trost für Großväter

Natürlich verfügen auch Großväter über ein geheimes Wissen, das sie sich über Jahrhunderte bewahrt haben. Zum Beispiel wissen sie, wie man einen Wurm an einen Angelhaken bekommt, ohne sich den Widerhaken in den Finger zu jagen, oder wie man einen Schnürsenkel so bindet, dass er zwar nicht von alleine aufgehen kann, aber sich auch wieder lösen lässt, wenn man die Schuhe ausziehen will.

Das geheime Wissen der Großväter ist in der Regel etwas körperferner als das der Großmütter, berührt weniger die existenzielle Mitte des kindlichen Lebens, macht vielmehr die verwickelten Lebensumstände an der Peripherie erträglicher. Großväter liegen im Augenblick weniger im Trend als Großmütter. Das ist ungerecht, aber Großväter müssen damit leben. Und sie können in dem Bewusstsein leben, dass ihr Wissen genauso viel wert ist wie das der Großmütter und dass ihr Rat, kommt er zur rechten Zeit, nicht weniger gefragt ist.

leme stellt. Es mag sein, dass Sie für das jeweilige Problem eine praktikable Lösung aus der Tasche ziehen können, aber das würde den Eltern nicht nur nichts nützen, sondern es würde ihnen schaden. Es würde auf Dauer ihre Kompetenz in Frage stellen und die Autorität, die ihnen die Elternrolle nun einmal aufgibt, untergraben. Sie aber können Ihren Part als Großeltern nur dann wahrnehmen, wenn sich Ihre Kinder in ihrer Rolle als Eltern zurechtgefunden haben.

Zeit nehmen – aber woher?

Zeit nehmen und Zeit geben – sind das nicht die wichtigsten Voraussetzungen, um Großeltern zu sein?
Woher aber die Zeit nehmen, wenn man selbst noch voll im Berufsleben steht?
Bert (56) und Karin (54) sind ein engagiertes Großelternpaar aus Sachsen. Beide gehen in ihrem Job auf und sind froh, dass sie ihn noch haben. „Natürlich würden wir uns für die Enkel gern mehr Zeit nehmen, wir würden auch die beiden gern mit in den Urlaub nehmen", sagen Bert und Karin, „aber noch sind Märthe und Martin klein, anderthalb und drei Jahre alt. Wenn es so weit ist, dass die beiden öfter Schulferien haben als die Eltern Urlaubsanspruch, ist es bei uns auch

langsam so weit, dass wir beruflich kürzer treten. Die Enkel können dann zu uns kommen oder wir fahren hin, um sie zu hüten."
Bert und Karin sehen sich als junge und moderne Großeltern. Sie wohnen 600 Kilometer von ihren Enkelkindern entfernt, aber Großeltern und Eltern organisieren regelmäßige Treffen. „Manche tun so, als ob das was völlig Neues wäre, dass man sich Zeit für seine Familie nimmt", meint Bert. „Ob als Großvater, Vater, Sohn oder Enkel – ich musste das schon immer organisieren: Mittwochnachmittag war Spieltag mit den Kindern. Und der fiel nur in ganz dringenden Fällen aus, wenn sozusagen der Dachstuhl brannte. Ausrede zählte nicht. Und so muss man sich heute auch seine Zeit organisieren. Einen eigentlichen Großelterntag haben wir zwar nicht, das geht nicht wegen der räumlichen Entfernung, aber dafür wird die gegenseitige Besuchszeit von allen Seiten intensiv genutzt."
Großeltern, die in der Nähe leben, haben es da leichter. Sie können schnell mal vorbeischauen, wie es den Kindern und Enkeln geht. Sie können auf die Vorabendserie verzichten und stattdessen mit den Enkeln auf den Spielplatz gehen. Oder sie können das Enkelkind zum Einkaufen mitnehmen.
Ein Tipp für berufstätige Großeltern, die glauben, zu wenig Zeit zu haben, um

sich mit ihren Enkeln zu beschäftigen: Schreiben Sie sich eine Woche lang auf, welche Tätigkeiten Sie in welcher Zeit ausüben. Eine Genauigkeit von einer halben Stunde ist vollkommen ausreichend. Markieren Sie am Ende der Woche alle Tätigkeiten, von denen Sie nicht mit gutem Gewissen behaupten können, sie wären wichtiger als die Beschäftigung mit Ihren Enkelkindern, und zwar unabhängig davon, ob Ihre Enkel Ihnen räumlich nah oder fern sind. Addieren Sie dann die Zeiten zusammen. Sie werden staunen.

Zeit für die Enkel zu haben, bedeutet nicht unbedingt, der Familie Ihrer Kinder auf die Pelle zu rücken. Vielleicht versuchen Sie ja mal einen anderen Weg, um Ihren Enkeln Aufmerksamkeit zu schenken.

➤ *2- bis 4-jährige Enkel*
Stellen Sie selbst ein Bilderbuch zusammen, zum Beispiel aus Familien- und Privatfotos, aus Zeitungsausschnitten und Resten von Werbebeiheftern.

➤ *4- bis 5-jährige Enkel*
Schreiben Sie eine illustrierte Geschichte, zum Beispiel „Was die Oma/der Opa alles kaufen soll". Verwenden Sie dazu Werbeanzeigen und Postwurfsendungen, die Sie in die Geschichte von den vielen überflüssigen Dingen einbauen können.

➤ *5- bis 6-jährige Enkel*
Dokumentieren Sie Ihren Alltag auf Videokassette. Dann hat Ihr Enkel Sie auch, wenn Sie nicht da sind.

➤ *Schulanfänger*
Besorgen Sie sich aus der Bibliothek Schulbücher aus der Zeit, als Sie zur Schule gingen. Fertigen Sie aus Kopien einiger attraktiver Seiten eine Mappe „Als Oma und Opa zur Schule gingen". Vielleicht haben Sie auf dem Speicher ja noch andere Zeitdokumente, die gut dazu passen.

➤ *Für später*
Schreiben Sie Ihren Enkeln ein Großeltern-Tagebuch, das Sie ihnen vielleicht zur Kommunion oder Konfirmation schenken.

Wenn Sie erst einmal angefangen haben, die Zeit, die Sie markiert haben, Ihren Enkeln zu widmen, werden Ihnen bestimmt noch viele andere Ideen kommen.

Was noch überflüssig ist

Silvia (62), Großmutter einer prachtvollen Enkeltochter von anderthalb Jahren, lässt sich leidenschaftlich gern fotografieren. Das muss man Silvia nachsehen, denn sie ist schließlich fast 40 Jahre im

Licht der Öffentlichkeit gestanden. Zuerst als Hotelfachfrau an der Rezeption eines großen Hotels, später im Verkehrsamt, wo sie die Touristikangebote der Stadt und der Region koordinierte und in der Öffentlichkeit präsentierte.

Seit anderthalb Jahren aber lässt diese Frau, die immer so viel auf ihre berufliche Selbstständigkeit gehalten hat, sich nur noch mit einem drallen Baby fotografieren. Sie ist zwar noch keine ausgesprochene Schaukelstuhl-Oma, aber es sind doch sehr, sehr viele Bilder entstanden, auf denen sie gemeinsam mit Enkeltochter Philine – beide in allen erdenklichen Posen – zu sehen ist.

Silvia besitzt eine weitere Eigenschaft, die ihr in ihrer beruflichen Laufbahn sehr zugute gekommen ist. Sie verfügt über eine bemerkenswerte Eloquenz. Sie kann das, was sie zu sagen hat, einfach hervorragend verkaufen.

Seit anderthalb Jahren aber besteht folgendes Problem: Was sie zu verkaufen hat, ist der Babybrei, den ihr zauberhaftes Philinchen auf wirklich unnachahmliche Weise zu sich nimmt und wieder von sich gibt. Was sie zu verkauft hat, sind Windeln voller … Nun ja. Und was sie dabei zu zeigen hat, sind Stapel von Fotos, die sie zu jedem Treffen mit ihren Freundinnen, mit näheren und ferneren Bekannten, mit früheren Arbeitskollegen, Kunden und Geschäftspartnern mitbringt. Sie ist der Überzeugung, dass

es bei diesen Treffen keinen spannenderen Gesprächsgegenstand geben könne, als das Bäuerchen und den entspannenden Pups von Philine.

Eine dritte Eigenschaft kommt hinzu. Silvia schreibt gern Briefe. Seit anderthalb Jahren finden die Empfänger dieser Briefe im Kuvert außer dem beschriebenen Papier auch stets eine Fotosammlung von Philine. Die Fotos sind auf der Rückseite mit erhellenden Erklärungen zum jeweiligen abgelichteten Ereignis beschriftet, stets unter besonderer Berücksichtigung des kindlichen Entwicklungsstandes. Richtig glücklich können die Empfänger aber erst sein, wenn sie im Brief den Satz lesen: „Die Bilder hätte ich gelegentlich gern wieder zurück." Jetzt wissen sie, dass sie selbst in die Pflicht genommen sind, einen Antwortbrief zu schreiben, in dem sie ihr Entzücken über Philine zum Ausdruck bringen dürfen.

Allen vorliegenden Berichten zufolge wird diese Verhaltensstörung vor allem bei Großmüttern beobachtet. In der Regel ist der Verlauf sehr leicht und eine Heilung tritt nach einigen Jahren von selbst ein. In schweren Fällen allerdings kann es dazu kommen, dass Großmütter ihr Enkelkind regelrecht vergöttern. Solch schwere Verläufe machen eine Großmutter unfähig zu erkennen, dass sie ihrer Umwelt mit dem beständigen Zeigen von Kinderfotos, Handzeichnungen und Bastelarbeiten des allerliebsten Kron-Enkels furchtbar auf die Nerven geht. Auch die ausführliche Erörterung der Grundschulzeugnisse und die Darstellung der enormen Fortschritte, die das hoch begabte Enkelkind im Klavierspiel, beim Ballettunterricht oder beim Schachspiel gemacht hat, stoßen nicht auf die Begeisterung die eine Großmutter erwartet.

Deshalb sei allen Leserinnen, die glauben, stets von der Leistungsfähigkeit ihres Enkels Zeugnis ablegen zu müssen, ans Herz gelegt:

➤ Schicken Sie nicht häufiger als einmal im Jahr Bilder Ihres Enkelkindes an Freunde und Bekannte.

➤ Verlangen Sie diese Bilder niemals zurück.

➤ Bevor Sie sich mit Freundinnen oder Arbeitskollegen treffen, entfernen Sie sicherheitshalber alle Fotos und sonstigen Zeugnisse, die über Ihr Enkelkind Auskunft geben, aus Ihrer Handtasche; führen Sie nicht mehr als ein aktuelles Bild Ihres Enkelkindes in der Brieftasche mit sich.

➤ Zeigen Sie das einzige Bild, das Sie von Ihrem Enkelkind bei sich haben, nur auf ausdrücklichen Wunsch der anderen.

➤ Führen Sie niemals (bitte wirklich niemals!) Ihr Enkelkind, das bei Ihnen gerade zu Besuch ist, mit Gedichtaufsagen oder Blockflötespielen Ihren Freundinnen vor, die nachmittags zum Kaffee kommen.

Wahrscheinlich sind diese Ratschläge wenig wirkungsvoll. Clevere Großmütter wissen sich ihren Auftritt auch auf Umwegen zu organisieren: „Wisst ihr, Margot wird ja von ihren Bekannten immer regelrecht gedrängt, etwas von der kleinen Evelyn zu erzählen. Dabei gibt es da gar nicht viel zu erzählen. Bei Philine ist das natürlich ganz etwas anderes. Wenn mich jemand nach Philine fragte, würde ich sagen …“

Die Großeltern in der Transaktion mit den Enkeln

Was bedeutet Transaktionsanalyse?

Der Umgang der Großeltern mit den Enkeln findet in einer Reihe von kommunikativen Akten statt. Zur Beschreibung dieser Kommunikationsakte haben die amerikanischen Psychologen Eric Bernc und Thomas A. Harris vor über 30 Jahren die Transaktionsanalyse entwickelt. Sie sollte die psychologischen Mechanismen herausarbeiten, die hinter der Kommunikation stehen und für Kommunikationsstörungen verantwortlich sind. Die Transaktionsanalyse schien vor allem für Therapeuten ein geeignetes Werkzeug zu sein. Sie hat aber in den vergangenen Jahrzehnten die Praxen der Psychotherapeuten verlassen und erfreut sich bei Lehrern und Erziehern, Personal- und Unternehmensberatern ebenso wie bei Motivationstrainern und Management-Coachs zunehmender Beliebtheit.

In Amerika ist bekanntlich die Psychoanalyse immer sehr populär gewesen.

Unsere Klischeevorstellung vom typischen Mittelstands-Amerikaner besagt, dass er regelmäßig zu seinem Therapeuten geht, so wie wir zum Friseur gehen. So übertrieben diese Vorstellung auch sein mag: Die Transaktionsanalyse fiel vor allem in Amerika auf fruchtbaren Boden. Die Gründe für den Erfolg sind einleuchtend. Erstens führt die Transaktionsanalyse komplizierte Sachverhalte auf wenige elementare Verhaltensmuster zurück und zweitens beschreibt sie diese Verhaltensmuster auch noch mit handlichen, dem Alltag entlehnten Begriffen. So wurde sie, jenseits der klinischen Praxis, schnell populär. Sie schien ein ideales psychologisches Instrument zu sein, das jedem, der nur etwas Einfühlungsvermögen mitbrachte, zur Verfügung stand. Natürlich muss man sich auch der Gefahren bewusst sein, die gerade die Popularität dieser Methode mit sich bringt. Auch wenn jemand einen Akkuschrauber und eine Handbohrmaschine bedienen kann, würde es ihm doch nicht einfallen, damit am Prozessor seines Personalcomputers herumzuwerkeln. Wenn der Vergleich auch hinkt (wie beinahe jeder Vergleich): Die Transaktionsanalyse ist in der Hand von Laien so etwas wie eine Handbohrmaschine, mit der sich im Haushalt ein paar Dinge in Ordnung bringen lassen, aber den Computer sollte man tunlichst verschonen. Mit anderen Worten: Die Transaktionsanalyse hilft, das Verhalten von gesunden Menschen zu verstehen; aber psychisch kranke Menschen gehören in die Obhut von Psychologen und Therapeuten.

Für aufmerksame Großeltern ist es auf jeden Fall von Nutzen, wenn sie die Reaktionen ihrer Enkel auf bestimmte Fragen, Forderungen und Vorschläge, Gebote und Verbote besser verstehen und ihre eigenen Reaktionen auf Aktionen der Enkel analysieren können.

Die Transaktionsanalyse wurde als Alternative zur klassischen Psychoanalyse entwickelt. Sucht die Psychoanalyse die Ursachen psychischer Störungen in der Vergangenheit des Patienten, so richtet die Transaktionsanalyse ihr Augenmerk auf jenen Teil der Persönlichkeit, der die Gegenwart verarbeitet. Grundlage dafür sind die Erkenntnisse, die man über die Funktionsweise des Gehirns gewonnen hat. Denn es hat sich herausgestellt, dass unser Gehirn wie eine Überwachungskamera lebenslang Umweltdaten aufzeichnet, verarbeitet und speichert. Und das von Geburt an.

Die drei Ich-Zustände

In der Transaktionsanalyse geht man davon aus, dass jeder Mensch seine eigene Individualität in drei verschiedenen Ich-Zuständen auslebt. Zwei dieser Ich-Zustände werden in der Kindheit ein für allemal fest- und im Unterbewusstsein gleichsam abgelegt. Der dritte wird ständig aktualisiert und steht unserer bewussten Kontrolle und Einflussnahme zur Verfügung.

Das Eltern-Ich (El)

Die ersten großen Datenmengen werden im so genannten Eltern-Ich gesammelt: „Das Eltern-Ich ist eine ungeheure

Übrigens

In der Transaktionsanalyse wird die Transaktion als eine grundlegende Verhaltenseinheit definiert: Wenn jemand etwas sagt oder tut, was für einen anderen bestimmt ist, antwortet dieser darauf mit einer Äußerung oder Handlung. Die Transaktionsanalyse bestimmt, von welchem der drei Ich-Zustände des Agierenden die Transaktion ausgeht und welcher der drei Ich-Zustände des Reagierenden darauf anspricht.

Sammlung von Aufzeichnungen im Gehirn über ungeprüft hingenommene und aufgezwungene äußere Ereignisse, die ein Mensch in seiner frühen Kindheit wahrgenommen hat. Diese Periode umfasst ungefähr die ersten fünf bis sechs Lebensjahre",[19] schreibt der Psychologe Thomas A. Harris.

Jeder Mensch bewahrt ein auf ganz bestimmte, eigenartige Weise formiertes Eltern-Ich auf, weil er in den ersten fünf bis sechs Lebensjahren äußere Reize seitens der Eltern oder Elternvertreter empfangen hat. In diesem Ich-Zustand werden die Ereignisse, Tatsachen und Verhaltenskodexe – das heißt alle Regeln und Ermahnungen, alle Ge- und Verbote – unverfälscht und unreflektiert aufgezeichnet. Die Transaktionsanalytiker sprechen daher auch von einem „angelernten Lebenskonzept".

Doch nicht nur diese Lehrinhalte und nicht nur sachliche Aussagen, sondern auch Belobigung und Ermutigung, Trost und Schutz, ja auch Koseworte, die Art des Streichelns und die Klangfarben von Stimmen werden registriert.

„Die Situation des kleinen Kindes, seine Abhängigkeit und seine Unfähigkeit, mit sprachlichen Mitteln Sinnzusammenhänge herzustellen, machen es ihm unmöglich zu modifizieren, zu korrigieren oder zu erklären."[20]

Das heißt, diese Strukturen werden vom Kind als unumstößliche Wahrheiten angenommen. Und sie stehen als unumstößliche Wahrheiten lebenslang in den Akten, ob man sich später dazu bekennt oder nicht.

Das Kindheits-Ich (K)

Parallel zu den Aufzeichnungen im Eltern-Ich werden Daten, die die inneren Zustände des Kindes während dieser ersten Jahre betreffen, in einem anderen Gedächtnissegment gespeichert.

„Diese Datenkombinationen aus Gesehenem, Gehörtem, Gefühltem und Verstandenem definieren wir als Kindheits-Ich. Da der kleine Mensch während seiner folgenreichsten Früherlebnisse noch über keinerlei sprachliche Mittel verfügt, bestehen die meisten seiner Reaktionen aus Gefühlen."[22]

Transaktionsanalytiker sprechen daher auch von einem „eingefühlten Lebenskonzept".

Transaktionsanalytiker gehen davon aus, dass wir auch als Erwachsene das Eltern-Ich und das Kindheits-Ich als zwei unserer Ich-Zustände weiter mit uns herumtragen. Damit wird klar, dass zum Beispiel auch solch volkstümliche Redewendungen wie die vom „Kind im Manne" einen neurophysiologischen Hintergrund haben.

Amerikanische Gehirnforscher haben bereits in den Fünfzigerjahren festgestellt: Wenn man bestimmte Regionen des Gehirns mit elektronischen Impulsen stimuliert, werden die Erinnerungen, die in diesem Sektor des Gehirns gespeichert sind, aktiviert. Diese Erinnerungen werden aber nicht nur als bloße fotografische oder phonographische Aufzeichnungen gleichsam wieder abgespielt, sondern der Probant empfindet auch wieder die Emotion, die die ursprüngliche Situation in ihm geweckt hatte. Darüber hinaus erinnert er sich an die Sinndeutung, die er seinerzeit dem gespeicherten Ereignis gegeben hatte.

So verhält es sich auch mit den Erinnerungen, die aus dem Kindheits-Ich abgerufen werden. Sie sind aus dem zusammengesetzt, was man seinerzeit sowohl gesehen und gehört als auch gefühlt und empfunden hat. Außerdem sind sie mit der sinnhaften Bewertung versehen, die man dem gespeicherten Ereignis damals gegeben hatte.

Ebenso wie das Eltern-Ich ist auch das Kindheits-Ich ein Seins-Zustand, in den man auch als Erwachsener jederzeit wieder zurückfallen kann. In unserem Alltag erleben wir ständig Dinge, die bestimmte Kindheitssituationen erneut heraufbeschwören und damit die gleichen Gefühle erwecken, die wir damals empfunden haben. Situationen der Bedrängnis, der Hilflosigkeit und der Verlassenheit, das Erlebnis von Frustration und Zurückweisung aktivieren das Kindheits-Ich. Dann spüren wir auch wieder die ursprünglichen Gefühle, die wir als kleines Kind in bedrängten und hilflosen Situationen empfunden haben.

Das Erwachsenen-Ich (Er)

Mit dem Eintritt in das Schulalter werden die Akten „Kindheits-Ich" und „Eltern-Ich" geschlossen; sie werden gleichsam ins Archiv gebracht. Dort stehen sie zwar weiter zur Einsichtnahme zur Verfügung, aber es werden keine neuen Aufzeichnungen mehr vorgenommen.

Bereits etwa im zehnten bis elften Lebensmonat beginnt ein Kind, sein Erwachsenen-Ich zu entwickeln. Diese Bezeichnung mag vielleicht bei einem Säugling irritieren, aber gerade Großeltern, die ihr Enkelkind nicht jeden Tag sehen, sind immer wieder verblüfft (und natürlich begeistert) von den geradezu sprunghaften Fortschritten, die das Kind seit dem letzten Besuch gemacht hat. Es fängt an, Herrschaft über sich selbst und über seine Reaktionen zu gewinnen. Es richtet sich auf. Es krabbelt. Es hangelt sich an Regalen, Tischen und Stühlen entlang. Es zeigt seinen Willen, es nimmt nicht mehr nur hin, sondern untersucht und wählt aus, akzeptiert und verwirft. Es entwickelt die Fähigkeit zu entscheiden.

Von diesem Moment an baut es ein eigenes Persönlichkeitsfeld auf, das bestrebt ist, nicht mehr nur alles mit sich geschehen zu lassen, sondern die Geschäfte in eigene Regie zu nehmen. Genau dies ist mit der Bezeichnung „Erwachsenen-Ich" gemeint.

Harris schreibt: „Das Erwachsenen-Ich ist ein Datenverarbeitungssystem, das Entscheidungen ausspuckt, nachdem es Informationen aus drei Speichern durchgerechnet hat: aus dem Eltern-Ich, aus dem Kindheits-Ich und aus den Informationen, die das Erwachsenen-Ich gesammelt hat und noch sammelt."[22]

Daher sprechen Transaktionsanalytiker auch von einem „gedachten Lebenskonzept".

Man könnte es auch so sagen: Das Erwachsenen-Ich ist jener Teil von uns, der

Transaktionsanalyse und Computertechnik

Der Vergleich der Transaktionsanalyse mit dem Datenverarbeitungssystem stammt aus der Pionierzeit der Computertechnik. Als die Computertechnik die ersten Schritte zur massenhaften Anwendung machte, wurde auch die Transaktionsanalyse ausgearbeitet; kein Wunder also, dass sie sich des neuen und damals noch unverbraucht wirkenden Computervokabulars bediente.

die aktuellen „Geschäftsvorfälle" bearbeitet; die Akten Kindheits-Ich und Eltern-Ich stehen im Archiv, aber jederzeit können Vorfälle eintreten, die dazu führen, dass die Archive geöffnet und die konservierten Verhaltensmuster wieder belebt und genutzt werden.

Haben Sie einmal beobachtet, wie ein 4-jähriges Kind mit seinen Puppen schimpft? Das ist nicht nur drollig, sondern auch lehrreich. Hatten Sie das Gefühl, dieselben Worte zu hören, die auch die Eltern gebrauchen, wenn das Kind etwas angestellt hat? Oder haben Sie sogar Worte und Gesten wieder erkannt, mit denen Sie einst Ihre Kinder zur Ordnung gerufen haben, als sie in dem Alter waren, in dem Ihr Enkelkind jetzt ist? Hier haben Sie ein Beispiel, wie das Eltern-Ich stabil formiert und wie es in seiner Formation von Generation zu Generation weitergereicht wird.

Am Aufbau des Eltern-Ichs wirken nicht nur die leiblichen Eltern mit, sondern im Grunde alle Bezugspersonen, die das Kind in seinen ersten sechs Lebensjahren beeinflussen. Das können Tagesmütter und Kindergärtnerinnen sein, aber auch die Großeltern, sofern es zu den Großeltern tatsächlich eine enge, regelmäßige Beziehung gibt und nicht nur gelegentliche Besuche von ein paar Stunden. Schon allein daraus geht hervor, wie groß Ihre Verantwortung ist. Machen Sie sich bewusst, dass unter Umständen jedes entschiedene „Nein, nein" mit dem Sie Ihr Enkelkind bremsen (und unter Umständen bremsen müssen), in der Akte Eltern-Ich eingetragen wird.

Wie so oft geht es im Leben meistens etwas komplizierter zu, als Abbildung 1 zeigt. Die erste Komplikation besteht schon darin, dass Eltern-Ich, Erwachsenen-Ich und Kindheits-Ich niemals fein säuberlich getrennt nebeneinander existieren. Häufig gibt es in verschiedenen Bereichen größere oder kleinere Schnitt-mengen zwischen den Ich-Zuständen. So kommt es vor, dass ein paar Seiten aus der Eltern-Ich-Akte herausrutschen und zwischen die aktuellen Vorgänge des Erwachsenen-Ichs geraten. Wo dies geschieht, entstehen Vorurteile. Oder ein paar gefällige Seiten aus der Kindheits-Ich-Akte kommen in Kopie auf den Schreibtisch des Erwachsenen-Ichs und lenken von den aktuellen Arbeitserfordernissen ab. Dann entstehen Einbildungen und Illusionen.

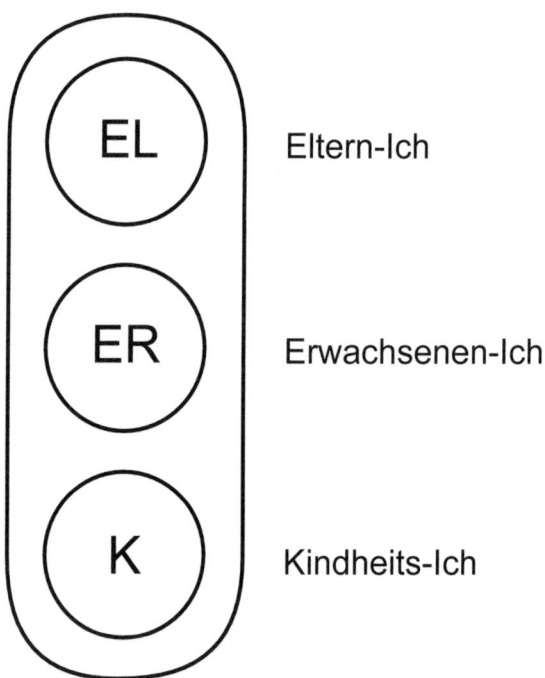

Abb. 1

Die vier Lebens-anschauungen

Nach Auffassung der Transaktionsanalytiker können wir uns in vier verschiedenen Seins-Zuständen befinden. Man kann diese Seins-Zustände auch Lebensanschauungen nennen.

1. Ich bin nicht o. k. – Du bist o. k.

So lautet die erste dieser Lebensanschauungen, die der neu geborene Mensch verinnerlicht: „Irgendetwas stimmt mit mir nicht, ist nicht in Ordnung, ich kann nichts dagegen tun, ich bin nicht o. k. Aber zum Glück ist da jemand, der mich wieder in Ordnung bringt, der mir hilft, Mama! Du bist o. k.!"

Behütet aufwachsende Kinder, die von ihren Eltern ausreichend Streicheleinheiten beziehen, empfinden ihren Eltern gegenüber das positive o.-k.-Gefühl. Dieses Streicheln geschieht auf umfassende Weise durch die Sorge für den hilflosen Säugling. Herausheben, Halten, Umhertragen, Saubermachen, Baden, Eincremen, Hinlegen – dies alles sind Akte, die sich durch körperliche Nähe, durch Streicheln auszeichnen. Sie halten das Kind nicht nur physisch in Ordnung, sondern vor allem psychisch im Gleichgewicht. So ist es für das Baby kein Problem, nicht o. k. zu sein, wenn es nur Mama in der Nähe weiß, die o. k. ist.

2. Ich bin nicht o. k. – Du bist nicht o. k.

Diese zweite Lebensauffassung kann sich eigentlich nur entwickeln, wenn Eltern und Bezugspersonen, die neben die Eltern treten, Fehler machen. Hört das Streicheln, die körperliche Zuwendung auf, sobald das Kind laufen und seine elementaren Bedürfnisse selbst artikulieren kann, empfindet es Mangel.

Wenn die Strafen härter werden, zum Beispiel, wenn das Kind beim Krabbeln und Aufrichten und bei den ersten Gehversuchen etwas anstellt, wenn der Ton, in dem Ermahnungen und Verbote ausgesprochen werden, kälter wird und wenn die Zurückweisungen schroffer werden, folgert das Kind nicht nur: Ich bin nicht o. k. Es hat nun auch keine Stütze mehr in Mama oder Papa oder einer anderen Bezugsperson und schließt daraus: Du bist nicht o. k.

Die Entwicklung des Erwachsenen-Ichs wird durch die fehlende Befriedigung des Primärbedürfnisses, gestreichelt zu werden, blockiert. Das Problem bei dieser Lebensanschauung ist: Hat sie sich erst einmal verfestigt, wird jede neue Erfahrung unter dem Gesichtspunkt bewertet, ob sie diese Lebensanschauung untermauert. Lebt ein Mensch erst einmal nach dem Grundsatz „Du bist nicht o. k.", wendet er diesen Grundsatz nicht nur gegenüber seinen Eltern an, sondern gegenüber jedem Menschen. Und er lehnt Streicheleinheiten dann auch ab, wenn sie ehrlich gemeint sind.

Abraham H. Maslow, einer der Begründer der „Humanistischen Psychologie", beschreibt dieses Phänomen: „Die so genannte psychopathische Persönlichkeit ist ein weiteres Beispiel des permanenten Verlusts der Liebesbedürfnisse. Es handelt sich um Menschen, die, den genauesten erhältlichen Beobachtungen nach, in den ersten Monaten ihres Lebens nach Liebe hungern mussten und dann einfach für immer die Fähigkeit und das Verlangen verloren haben, Zuneigung zu gewähren und zu empfangen ..."[23]

3. Ich bin o. k. – Du bist nicht o. k.

Dies ist eine Lebensanschauung, die Harris, etwas verkürzt, die „kriminelle Lebensanschauung" nennt. Sie kann entstehen, wenn ein Kind „lange genug terrorisiert worden ist von seinen Eltern, die es doch anfänglich für o. k. gehalten hat"[24], sodass es schließlich den eigenen Überlebenserfolg o. k. findet, die Umstände, unter denen er zustande kam, aber durchaus nicht.

Nicht nur physische Misshandlungen kommen hier in Betracht. Auch die Häufung liebloser Abweisung sowie seelische Verletzungen können zu dieser Lebensanschauung führen. Dann entwickelt das Kind eine Überlebensstrategie, die es darauf anlegt, kleine Siege über die Eltern zu erringen. Es stellt zum Beispiel etwas an, das die Eltern in Wut bringt: „Seht ihr, ich habe es wieder geschafft, euch wütend zu machen. Ich bin o. k. – Ihr seid nicht o. k.!"

4. Ich bin o. k. – Du bist o. k.

Diese Lebensanschauung weist zu den drei vorangegangenen einen grundlegenden Unterschied auf. Die ersten drei Seins-Zustände sind die Folge frühkindlicher Prägungen. Sie werden aus den Datenbeständen des Eltern-Ichs und des Kindheits-Ichs aufgebaut. Die Lebensanschauung „Ich bin o. k. – Du bist o. k." ist hingegen eine bewusste Entscheidung. Sie wird uns nicht von außen aufgedrängt, sondern von uns selbst herbeigeführt. Sie verbleibt nicht im vorsprachlichen Zustand, sondern wird sprachlich artikulierbar.

Darum ist diese Lebensanschauung auch eine Instanz, an die man – sprachlich – appellieren kann. Und das macht sie zu einer pädagogischen Technologie, die dem Umgang der Eltern mit ihren Kindern ebenso wie dem Umgang der Großeltern mit ihren Enkeln eine neue Dimension eröffnet.

Die ersten drei Lebensanschauungen beruhen überwiegend auf Gefühlen, die in den frühen Lebensjahren dominieren. Sie werden daher auch in diesen frühen Lebensjahren formiert. Die vierte Lebensanschauung hingegen beruht auf Denken, Glauben und Einsatzbereitschaft.

Damit sich ein erwachsener Mensch für die vierte Lebensanschauung entscheiden kann, muss er wissen, unter welchen Umständen und Bedingungen die drei anderen Lebensanschauungen entstehen können. Die meisten Menschen werden aber nach diesem Wissen niemals suchen. Sie werden stattdessen in ihrem ursprünglichen Seins-Zustand – Ich bin nicht o. k. – Du bist o. k. – verharren, und das für ganz normal halten.

Leichter haben es da die Kinder. Thomas A. Harris schreibt: „Glücklich sind die Kinder, die immer wieder Situationen ausgesetzt werden, in denen sie sich selbst ihren eigenen Wert und den der anderen beweisen können. Sie entdecken früh im Leben, dass sie o. k. sind."[25]

Arten der Transaktion

Zwischen den Ich-Zuständen der Menschen, die in bestimmten Situationen aufeinander treffen, finden ständig Transaktionen statt.

„Eine Transaktion ist eine grundlegende Verhaltenseinheit: Sie sagen oder tun etwas, was für mich bestimmt ist, und ich antworte Ihnen darauf mit einer Äußerung oder einer Handlung. Die Transaktionsanalyse bestimmt, von welchem Ihrer drei Ich-Zustände die Transaktion ausgeht und welcher meiner Ich-Zustände reagiert."[26]

Das ist für Großeltern in mehrfacher Hinsicht von Bedeutung. Sind die Enkelkinder noch sehr klein, müssen sich die Großeltern bewusst sein, dass auch ihre Art der Kommunikation sehr stark darauf einwirkt, welche Form das Eltern-Ich des kleinen Menschen einmal annehmen und wie es um das Wohlgefühl des Kindheits-Ichs bestellt sein wird.

Je größer das Kind ist, desto wichtiger ist es für die Erziehenden, zu begreifen, dass es als Persönlichkeit ernst genommen werden will. Wenn das Kind bockig ist, widerspricht, Unfug anstellt und Schaden anrichtet, fällt es den Großeltern mitunter schwer, nicht permanent das eigene Eltern-Ich auf das Kindheits-Ich des Enkels loszulassen. Großeltern und Enkel müssen lernen, dass ihnen der

Dialog zwischen Erwachsenen-Ich und Erwachsenen-Ich am meisten bringt.

Auch in der Persönlichkeit der Großeltern existieren die drei Ich-Zustände. Sie tun gut daran, nicht nur auf die Ich-Zustände Ihrer Enkel zu achten, sondern auch sich selbst zu beobachten, wenn Sie mit Ihren Enkeln kommunizieren.

Wenn man die Transaktionen analysiert, die üblicherweise ablaufen, finden sich immer wieder die gleichen Grundmuster, die nach den folgenden elementaren Kommunikationsregeln ablaufen.

1. Verlaufen Reiz und Reaktion auf parallelen Linien, findet eine komplementäre Transaktion statt; die Kommunikation bleibt im Fluss, ganz gleich, von welchem Ich-Zustand beim Agierenden zu welchem Ich-Zustand beim Reagierenden die Vektoren verlaufen.

Als Beispiel mag man sich folgenden Dialog eines Großvaters mit seinem Enkel vorstellen.

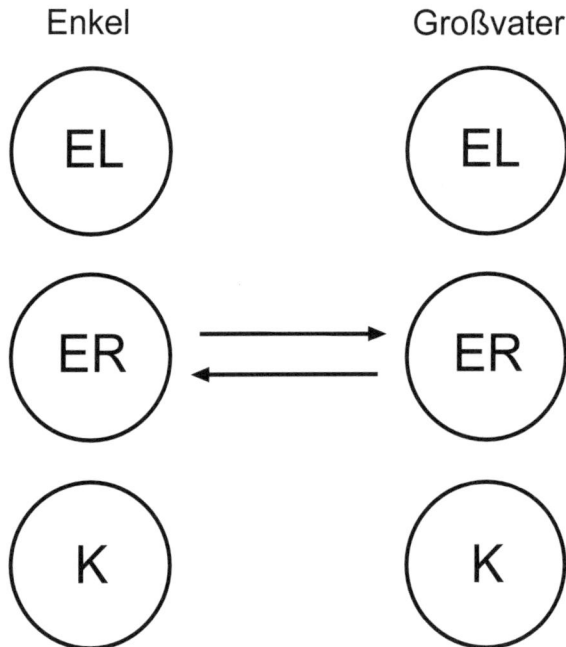

Abb. 2

Enkel: „Opa, hast du irgendwo meinen kleinen weißen Teddybären gesehen?"

Großvater: „Nee, hier bei mir ist er nicht."

Im vorliegenden Fall wendet sich das Erwachsenen-Ich des Enkelkindes vertrauensvoll an das Erwachsenen-Ich des Großvaters. Der Großvater antwortet aus seinem Erwachsenen-Ich heraus dem Erwachsenen-Ich seines Enkelkindes (Abbildung 2). Der Dialog könnte auf dieser Ebene fortgesetzt werden. Beide könnten sich noch lange über das vermutliche Versteck des kleinen weißen Teddybären unterhalten.

Aber auch wenn sich das Kindheits-Ich des Enkelkindes an das Eltern-Ich des Großvaters gewandt hätte, könnte der Dialog zwischen den beiden in Gang gehalten werden. Denn auch diese Transaktion verläuft komplementär (Abbildung 3).

Enkel: „Opa, ich finde meinen kleinen weißen Teddy wieder nicht!"

Großvater: „Musst du denn auch immer solche Unordnung machen?"

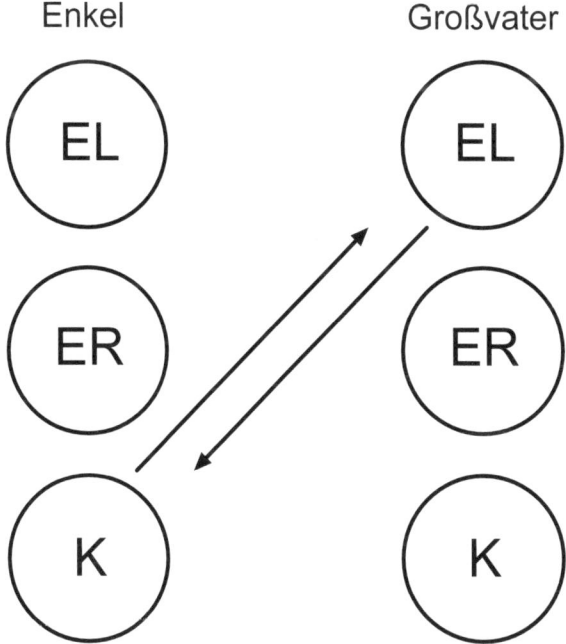

Enkel   Großvater

Abb. 3

Enkel: „Ist keine Unordnung! Ich habe doch nur gespielt."
Großvater: „Wenn man gespielt hat, muss man seine Sachen wieder ordentlich aufräumen."
Enkel: „Ich hab ja aufgeräumt, aber der Teddy ist trotzdem weg."
Der Großvater bleibt auf der Höhe des überlegenen, Ratschläge gebenden und tadelnden Eltern-Ichs; der Enkel bleibt unterwürfig in seinem Kindheits-Ich – bis beide des Dialogs überdrüssig werden.

> 2. Wenn Reiz und Reaktion im Gefüge Eltern-Kindheits-Erwachsenen-Ich einander überkreuzen, wird die Kommunikation unterbrochen.

Als Beispiel möge ein klassischer Dialog zwischen einem Enkelkind und seinem Großvater dienen.
Enkel: „Opa, weißt du, wo mein kleiner weißer Teddy hingekommen ist?"
Großvater: „Darauf hab ich gewartet. Hab ich dir nicht schon hundertmal ge-

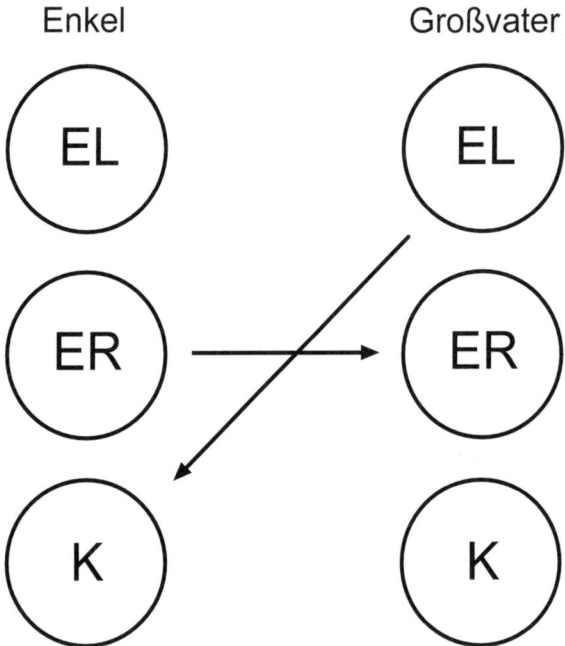

Enkel   Großvater

EL   EL

ER   ER

K   K

Abb. 4

sagt, du sollst auf deinen Spielkram besser aufpassen!"

Das Erwachsenen-Ich des Kindes fragt das Erwachsenen-Ich des Großvaters. Für den Großvater bedeutet die Frage, dass seine wiederholten Ermahnungen nicht gefruchtet haben. In den aufsteigenden Unmut mischt sich der Zustand seines Eltern-Ichs. Seine Antwort kanzelt das Kindheits-Ich des Enkelkindes ab (Abbildung 4). Der Dialog ist beendet. Künftig wird der Enkel seinen Teddy ohne seinen Großvaters suchen.

> 3. Verläuft hinter der offensichtlichen Transaktion noch eine verdeckte, so spricht man von einer Duplex-Transaktion. Solche Transaktionen werden auf der verdeckten Ebene entschieden.

Der Dialog zwischen Großvater und Enkel könnte so verlaufen.
Enkel: „Opa, wo hast du denn wieder meinen kleinen weißen Teddybären versteckt?"

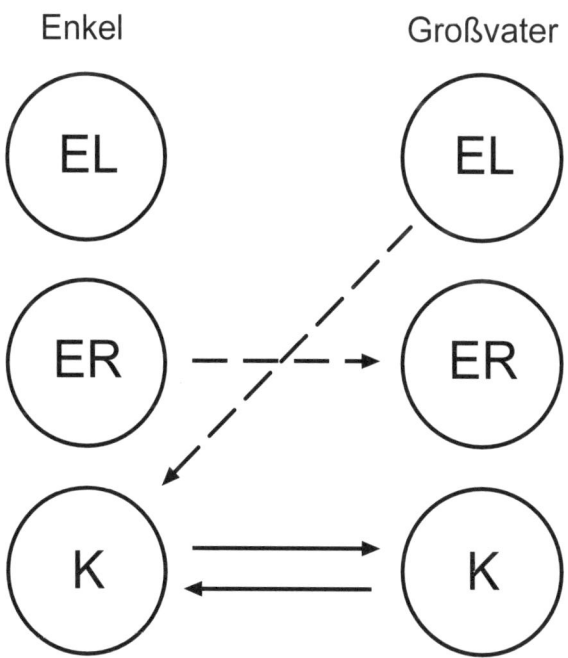

Abb. 5

Großvater: „Verrate ich nicht, aber ich kann dir ja beim Suchen helfen."

Im Vordergrund fragt das Kindheits-Ich des Enkels spielerisch das Kindheits-Ich des Großvaters nach einer Sache. Im Hintergrund aber läuft ein Dialog über das Verhalten ab (Abbildung 5). Und der hat einen ganz anderen (unausgesprochenen) Wortlaut.

Enkel: „Ich habe das Gefühl, seit du da bist und immer mein Kinderzimmer aufräumst, finde ich nichts mehr."

Großvater: „Wenn du dir doch nur mal merken könntest, wo du immer deine Sachen hinpfefferst!"

Im Vordergrund steht bei diesem Gespräch eine komplementäre Transaktion (Kindheits-Ich ↔ Kindheits-Ich); im Hintergrund aber spielt sich eine überkreuzende Transaktion ab (Erwachsenen-Ich → Erwachsenen-Ich und Eltern-Ich → Kindheits-Ich), denn der versteckte Sinn des Hilfsangebots ist die Rüge.

Im Alltag hört sich das dann meistens so an, dass ein Kind schon am Ton erkennen kann, ob das Hilfsangebot des Älteren ernst gemeint war oder ob damit nur ausgesprochen wurde, welche Zumutung die Frage des Kindes an den Erwachsenen eigentlich bedeutete. In diesem Fall lernt das Enkelkind meist sehr schnell, dass es Hilfsangebote gibt, die es später einmal „scheinheilig" nennen wird. Das ist zwar auch ganz lehrreich, aber es ist dies nicht die Weisheit, die ein Enkel bei seinen Großeltern zu finden hofft.

Grundsätzlich kann Ihnen das Begreifen der Transaktionen helfen, in einen vernünftigen Dialog mit Ihren Enkeln zu treten und ihre Spiele zu durchschauen. Nicht die Spiele, die sie mit den Bauklötzchen im Kinderzimmer spielen, sondern die Spiele, die sie in der Kommunikation mit den Erwachsenen treiben. Wenn Sie ihnen mit Liebe und Zuneigung helfen können, in den ersten Lebensjahren, da sie sich naturgemäß öfter „nicht o. k." fühlen, Halt und Orientierung zu geben, wird sich diese Erfahrung im Eltern-Ich der Enkel festigen und im Kindheits-Ich angenehme Emotionen hinterlassen, von denen Ihre Enkel ihr ganzes Leben lang profitieren.

Was die Großeltern den Enkeln geben

In den meisten Fällen sind die Enkelkinder begeistert, wenn die Großeltern ihren Besuch ankündigen und sich am Familienleben beteiligen. Instinktiv erwacht in ihnen das Gefühl, einen Beschützer auf Zeit gefunden zu haben, der das dominante Übergewicht der Eltern zu kompensieren vermag. So groß der Altersunterschied auch ist: Großeltern und Enkel sind natürliche Verbündete, denn nur gemeinsam können sie es schaffen, die Eltern in die Generationenzange zu nehmen. Das klingt vielleicht etwas derb, ist aber gar nicht so gemeint. Gemeint ist nur, dass es eine große Entdeckung für die Enkel ist und für ihr Selbstwertgefühl viel bedeutet, wenn sie erfahren, dass die Großeltern ihre Eltern als genauso kleine, hilflose Wesen kannten, wie sie es jetzt sind. Im Idealfall erleben die Enkel Großeltern, die klug genug sind, die Erziehung voll und ganz den Eltern zu überlassen und sich allein darauf beschränken, ihre Enkel zu lieben.

Vor einigen Jahren hat man in Großbritannien eine Erhebung gemacht und Kinder gefragt, mit wem sie denn am liebsten einen Monat verbringen möchten. In der Hitliste der liebsten Lebensgefährten auf Zeit rangierte vor der Queen, Mick Jagger oder dem ersten „Mann im Mond", Neil Armstrong, mit Abstand die eigene Großmutter.

Wahrscheinlich geht es vielen Großeltern ähnlich. Sie wünschen sich sicher mehr Zeit für die Enkel, besonders wenn sie weit weg von ihnen leben. Großmutter Gerlinde (* 1922), die über 600 Kilometer von ihrer Enkelin Marcella (* 1990) entfernt lebt, sagt: „Ich würde am liebsten zweimal im Monat einen ganzen Tag mit Marcella verbringen, ins Museum gehen oder ins Theater. So bleibt es bei gegenseitigen Besuchen drei- bis viermal im Jahr. Vielleicht kommt sie mich ja mal für längere Zeit besuchen, wenn sie etwas größer ist."

„Erzähl mir von früher!"

Etwa seit der Zeit, als sie vier Jahre alt war, wollte Marcella von ihrer Großmutter wissen, „wie es früher war". Großmutter Gerlinde gab sich alle Mühe, sich an ihre eigene Kindheit zu erinnern. Wenn die eigene Erinnerung nicht ausreichte, flocht sie manchmal etwas ein, was sie nur vom Hörensagen kannte.

Nur aus den Erzählungen ihrer Eltern konnte Gerlinde zum Beispiel wissen, dass ihr Nachttopf 20 Millionen Mark gekostet hatte, weil er in der Zeit der galoppierenden Inflation angeschafft werden musste; dafür war diese Tatsache umso nachhaltiger haften geblieben, denn Gerlinde war in ihrer Kindheit immer damit aufgezogen worden.

In der Familie eines Zollbeamten groß zu werden, bedeutete nicht gerade, das unaufhörlich Milch und Honig flossen. Der Widerspruch zwischen dem kleinen Familienbudget, das im Alltag ständig zur Sparsamkeit zwang, und den absurd hohen Nominalwerten der Geldscheine während der Inflationszeit 1923, forderte Neckereien heraus: „Du denkst wohl, weil dein Nachttopf 20 Millionen gekostet hat, könntest du dir das erlauben …"

Etwa vom fünften Lebensjahr an wollte Marcella noch mehr wissen. Großmutter Gerlinde musste ihr alles über den Krieg erzählen und über ihren Bruder Horst, der noch am Ende dieses Krieges gefallen war. Gerlinde war nie über den sinnlosen Tod ihres Bruders in einem sinnlosen Krieg hinweggekommen. Zum Verlust des Bruders kamen der Verlust ihrer Heimat Schlesien und der Tod der

Mutter, die den Strapazen von Flucht und Vertreibung nicht mehr gewachsen war. Dies alles einem Kind von fünf Jahren zu erzählen, verlangte gewiss viel Einfühlungsvermögen.

Marcella sieht seitdem die Bilder vom Krieg auf dem Balkan mit anderen Augen. Und sie kann Berichte über den Zweiten Weltkrieg oder Nachrichten, die sich auf den Krieg und die Zeit des Nationalsozialismus beziehen, selbstständig in ihr Wertesystem einordnen. Die persönliche Lebensgeschichte ihrer Großmutter hat ihr die Gewissheit gegeben, dass all die Dinge, von denen sie im Fernsehen hört, tatsächlich auch sie betreffen oder doch zumindest betreffen könnten.

Tobias aus Dresden, heute 44, erinnert sich an seine Kindheit in den Sechzigerjahren: „Ich habe es als Kind immer bedauert, dass ich selbst keine ‚richtigen' Großeltern mehr hatte. Ja ich habe meine Schulkameraden sogar darum beneidet, wenn die Oma zu Besuch war. Bei Uwe zum Beispiel spielten wir einmal Bergwerk. Wir hatten uns aus Decken und Kissen große Berge gebaut und förderten daraus bedeutende Schätze. Diese Schätze waren alte Münzen, Markstücke, Groschen und Kupfermünzen aus den Dreißigerjahren. Münzen, die ganz anders aussahen und auch ganz anders klangen als die Geldstücke, die wir damals benutzten. Uwe hatte sie von seiner Oma geschenkt bekommen. Ich beneidete Uwe nicht so sehr um die alten Münzen, als vielmehr darum, dass er eine Oma hatte, die ihm so etwas Wunderbares, Geheimnisvolles mitbringen konnte."

Kinder im Vorschulalter und auch in den ersten Schuljahren empfinden ihre eigene Lebensspanne, gemessen an der Lebenserfahrung der Erwachsenen, als sehr, sehr kurz. Sie nutzen jede Chance, diese Lebensspanne länger erscheinen zu lassen. Das ist der Grund, warum das 5-jährige Mädchen sagt: „Als ich drei war, habe ich gedacht, der Weihnachtsmann kauft die Geschenke selbst." Und dabei schaut sie auf das Alter von drei Jahren, das ja erst kurze Zeit hinter ihr liegt, zurück wie auf eine ferne Vorvergangenheit.

Die Großeltern werden besonders gern in Dienst genommen, um die eigene kurze Lebensspanne „virtuell" zu verlängern. Und das vor allem aus zwei Gründen:

➤ Großeltern haben in der Regel wirklich etwas zu erzählen und vorzuweisen, was Kinder aus eigenem Erleben und eigener Anschauung nicht kennen.

➤ Die Erfahrungen der Großeltern reichen weiter zurück als die der Eltern, die im alltäglichen Umgang als Allmacht empfundene Autorität der Eltern erweist sich also auch als endlich.

Was aber noch viel wichtiger ist, die Enkel bringen in Erfahrung, dass es offenbar eine Zeit gab, da die allmächtigen Eltern genauso hilflos und unvollkommen waren wie sie es jetzt sind.

Tobias berichtet: „Als ich ungefähr sechs oder sieben Jahre alt war, wollte mir mein Nenn-Großvater, der eigentlich der Onkel meines Vaters war und noch dazu der angeheiratete, einmal ein buntes Abzeichen zum Anstecken schenken. Dazu musste er in einem großen Pappkarton herumkramen, in dem er all seine Orden und Ehrenzeichen aufbewahrte – und das waren in der ordensreichen DDR-Zeit, in der er einen Teil seines Arbeitslebens verbracht hatte, nicht wenige. Ich stand neben ihm und meine Augen wurden immer größer, je weiter er zum Boden des Kartons vordrang. Zuletzt stieß er auf die Auszeichnungen aus dem Ersten Weltkrieg. Da er mein Staunen bemerkte, erzählte er mir zu einigen seiner Orden die Geschichte. Eine endete damit, dass er irgendwo in Frankreich zu seiner größten Überraschung seinen etatmäßigen Feldwebel als Feldwebelleutnant* an der Front wieder getroffen

---

* Dienstgrad im deutschen Heer von 1877–1919, im Rang zwischen Feldwebel und Leutnant; vor allem im Weltkrieg wurden Offiziersstellen mit altgedienten, wiedereinberufenen Unteroffizieren im Rang des Feldwebelleutnants besetzt.

hatte. Ich weiß bis heute nicht, was eigentlich ein Feldwebelleutnant ist, aber mich hat die Geschichte so beeindruckt, dass ich das Wort ‚Feldwebelleutnant‘ bis heute nicht vergessen habe.“

Nicht jeder kann freilich mit Großeltern aufwarten, die einen Feldwebelleutnant zu ihrer Bekanntschaft zählen. Marlies aus Berlin, heute 43, erlebte ihre Großmutter als eine lebenstüchtige, starke, ja fast autoritäre Person. Sie lernte von ihr nicht nur fast alle haushaltstechnischen Fertigkeiten, sondern wurde auch mit einer Reihe von Wertmaßstäben konfrontiert, die augenscheinlich „der alten Zeit“ angehörten.

„Oma hatte zwei Maximen: ‚Ein Mann muss jedient haben‘, war die erste und ‚Det ham wa allet schon viel schnella jesehn‘ die zweite. Auf die erste Maxime legte sie im Grunde viel mehr Wert als auf die zweite. Sie hat sich immer einen Offizier gewünscht. Und am Ende hat sie doch einen Einjährig-Freiwilligen mit einer gut gehenden Großfleischerei genommen.

Opa als junger Mann in Uniform sah putzig aus, irgendwie nach Operettentheater. Aber Oma kam genau bei diesen Bildern ins Schwärmen. Wenn sie mir alte Bilder zeigte, gefielen mir immer die am besten, wo sie beim Fleischerball auf dem Tisch tanzt – Opa schon mehr im Hintergrund; da hatte sie wohl schon die Hosen an.

Über den Tanz auf dem Tisch hat sie sich immer ausgeschwiegen, muss ihr irgendwie unangenehm gewesen sein.

Oma hat aber nicht lange genug gelebt, um den Tort ertragen zu müssen, dass ich einen ‚Unjedienten‘ zum Mann genommen hab. Mit meinen Männerbekanntschaften war sie nie so richtig einverstanden. Zu langhaarig, zu intellektuell, zu jung oder zu alt. Und vor allem: Alle nicht jedient. War mir ziemlich egal. Ich konnte dem Militär noch nie viel Freude abgewinnen.

Dafür ist mir Omas zweite Maxime in Fleisch und Blut übergegangen. Noch heute wird bei mir ein innerer Monolog losgetreten, wenn ich in einer anderen Stadt Auto fahre, zum Beispiel in Wiesbaden, wo man alles etwas gemütlicher angehen lässt als in Berlin: ‚Warum fährt der denn nicht, is doch jrün, jrüner wird’s nich, ’n andrer will ooch noch üba die Kreuzung, nu fahr, det ham wa allet schon viel schnella jesehn!‘ “

Vor allem aber sind es, neben den spannenden Erzählungen aus längst vergangenen Zeiten, die schriftlichen Zeugnisse der Vergangenheit, die die Enkel faszinieren. Dazu gehören Dokumente und Artefakte, Fotos und herausgerissene Zeitungsausschnitte, aber auch die Geldscheine, mit denen die Miete für das Klavier bezahlt werden sollte und die in einem Kuvert vergessen worden sind, als die Währungsreform im Juni 1948 nicht nur die Farbe der Geldscheine veränderte.

Dolf Sternberger sagte in seiner Rede zum 25-jährigen Bestehen des Bundesarchivs Koblenz: „Das Archivwesen beginnt ja nicht erst mit diesen würdigen Institutionen, den Staatsarchiven. Es beginnt in einem ganz buchstäblichen Sinne ‚zu Hause‘, nämlich mit den Briefen, die uns selber so denkwürdig sind, dass wir sie aufheben, vielleicht für Kinder und andere Hinterbliebende, vielleicht auch nur für uns, für unser eigenes Alter, für die Zeit, in der wir uns in die Denkwürdigkeiten unseres eigenen Lebens versenken werden, jedenfalls haben wir uns das vorgesetzt, und vielleicht finden wir die Muße, und dann entsteht nicht selten die beunruhigende Frage, was hernach mit diesen Papieren geschehen soll, ob sie, da nur von privatem Belang, zu rechter Zeit nicht besser vernichtet, ‚kassiert‘ werden sollten; es sind nicht nur Briefe, die wir erhalten und die wir geschrieben haben, auch Personalpapiere aller Art, Kalender, in denen wir Verabredungen, Besuche, Namen, Gänge, Reisen, Begegnungen, vielleicht auch Gewitter und Schneefälle, glückliche und unglückliche Begebenheiten, große Eindrücke, Verluste, Schmerzen, Skrupel, Reue und Rechtfertigung eingetragen haben, oder gar Tagebücher, worin all dergleichen Erfahrungen ausführlicher berichtet und erörtert wurden."[27]

Gerlinde erinnert sich, welch großen Eindruck ein Fotoalbum auf Marcella gemacht hat, das einzige aus ihrer Familie, das nach Flucht und Vertreibung gerettet werden konnte. Gerlindes Vater war darin zu sehen, breit und selbstbewusst in der Uniform eines Zollbeamten des Deutschen Reiches; und ein Foto von ihrem Bruder Horst, in der Uniform der Luftwaffenfelddivision, bei seinem letzten Urlaub im Sommer 1944; außerdem ein Bild der Familie, die es – bis auf Gerlinde selbst – nicht mehr gibt.

„Die Geschichte fängt nicht erst bei den öffentlichen Angelegenheiten an, bei den Staaten und Staatsumwälzungen oder auch nur bei den Kollektivgebilden überhaupt; auch der Privatmann, der namenlose Einzelne, lebt geschichtlich oder kann doch zum wenigsten geschichtlich existieren, auch wenn er nicht, wie die Redensart lautet, ‚ins Licht der Geschichte, geraten, auf die Bretter des Theatrum Mundi getreten ist."[28]

Aber weil eben der Einzelne nicht namenlos ist, weil er sich seiner Rolle im Lauf der Geschichte vergewissert, weil selbst noch in der trivialsten Sammlung von Urlaubsfotos das Bedürfnis steckt, den erlebten Moment aufzubewahren und dem Vergessen zu entreißen, bildet sich „Geschichte als Erfahrung".

„Immer wenn ein alter Mensch stirbt, brennt eine Bibliothek ab", sagt ein altes Sprichwort. Viele Menschen, die aus dem aktiven Arbeitsleben ausscheiden, suchen nach einer neuen Betätigung, nach einem neuen Lebenssinn, und wenden sich mehr als je zuvor der eigenen Familie zu. Schon allein die Dauer ihres Lebens bringt es mit sich, dass sie von Dingen wissen, die nur sie wissen können. Erfahrungen haben sich angehäuft, die sie anderen gern zur Verfügung stellen möchten.

Auf die eine oder andere Weise werden Großeltern immer in die Rolle des Familienhistorikers geraten. Die einen, weil sie auf der Feier des 18. Geburtstags ihres Enkelkindes eine Rede halten, in die sie die schönsten und amüsantesten Episoden aus der Geschichte der Familie eingeflochten haben; die anderen, weil Kinder und Enkel sie immer wieder nach Details aus der Familiengeschichte befragen; wieder andere, weil sie sich die Mühe machen, aus einer Fülle des überlieferten Materials tatsächlich eine Familienchronik, die oftmals auch eine Zeitchronik ist, zusammenzustellen.

Natürlich wird diese Familienchronik nicht immer sofort die gebührende Aufmerksamkeit der Enkel erfahren. „Als Bibliothekare der Familiengeschichte werden Großeltern fast wie eine typische Schulbibliothek behandelt: Sie werden vernachlässigt. Jugendliche Enkelkinder sollten dazu verleitet werden, uns zu gebrauchen", schreibt der amerikanische Großvater und Buchautor Jerry

Schreur. „So wie ein Teenager sich nicht unbedingt jeden Abend freiwillig in die Bibliothek setzt, selbst wenn er ein wichtiges Referat zu schreiben hat, müssen auch Jugendliche auf Identitätssuche erst dazu motiviert werden, ihre Großeltern zu gebrauchen. Als kreative Großeltern müssen wir unsere Enkelkinder dazu anregen, von uns etwas über die Familiengeschichte erfahren zu wollen."[29]

Wie für jeden professionellen Historiker gelten auch für Sie als Familienhistoriker einige Grundregeln, die Sie ohne Not nicht verletzen sollten.

1. Flunkern Sie nicht
Machen Sie Angsthasen nicht zu Helden und Pflichterfüllung nicht zum heroischen Akt. Bleiben Sie nach Möglichkeit immer bei der Wahrheit. Werner (74), Großvater zweier Enkel (12 und 8), erinnert sich, dass er in seiner Kindheit, wann immer er nach den Kriegserlebnissen seines Vaters fragte, nur die spannendsten Abenteuergeschichten hörte. „Anscheinend ging es im Ersten Weltkrieg immer nur darum, die Franzosen aus dem Graben zu jagen, um sich an deren gedeckte Tische zu setzen. Der ganze Krieg – ein einziges Jagen und Fangen, wer sich die dickste Scheibe vom Ochsen am Spieß abschnitt. Ein paar Jahre später durfte ich das ganze Theater dann mitmachen: Reichs-

arbeitsdienst im Osten, Heimatflak in Wattenscheid und Panzerjäger an der Oder.

Ich habe mir geschworen, meinen beiden Söhnen nichts als die ungeschminkte Wahrheit über den Krieg zu sagen. Wie schlimm es war. Und auch, wie beschissen ich mich dabei gefühlt habe. Und mit meinen beiden Enkeln halte ich es genauso."

Was sich in der Praxis bewährt hat

Es gibt, wie von jeder Regel, eine Ausnahme: Wenn ein Familienmitglied durch die ungeschminkte Wahrheit seelisch verletzt würde, ist es Sache des verantwortlichen Familienhistorikers, mit der Wahrheit entsprechend taktvoll umzugehen. Die Familie ist schließlich die Familie und kein Tribunal und keine Enquetekommission des Deutschen Bundestages.

---

2. *Beteiligen Sie möglichst viele Familienmitglieder*

Je mehr sich die gesamte Familie in die Sammlung und Sichtung ihrer eigenen Geschichte einbezogen sieht, desto mehr Interesse wird sie auch für die Darstellung der Historie aufbringen. Das gilt besonders für solche Familienverbände, in denen Geschichte

und Geschichten mündlich überliefert und bewahrt werden: Dort fungieren die Großeltern als Spiritus Rector einer kollektiven Oralhistory.

3. *Gestatten Sie Ihren Enkeln Desinteresse*

Rechnen Sie damit, dass sich Ihre Enkel nicht immer in vollem Umfang für Ihre familienhistorische Detailarbeit interessieren. Auf Phasen, in denen Sie von ihnen regelrecht gelöchert werden und gar nicht genug von früher erzählen können, folgen andere Phasen, in denen die Teenys die Augen verdrehen, wenn Sie „schon wieder von früher anfangen".

4. *Machen Sie Mut*

Großeltern neigen aufgrund ihrer umfassenden Lebenserfahrung nicht selten zu einer skeptischen Sicht der Gegenwart. Nach allem, was sie erlebt haben, ist es für sie nicht unbedingt nahe liegend, dass sich der Gang der Welt rasch zum Besseren wendet. Auch wenn Sie der Meinung sind, dass früher alles besser war, sollten Sie Ihren Enkeln Mut machen, sich in die Gegenwart einzubringen und für die Zukunft zu sorgen, anstatt ihnen zu suggerieren, dass sie von der Zukunft nichts zu erwarten haben. Dies ist besonders wichtig, wenn die Zukunftsaussichten trübe sind. Schließlich hätten auch Sie den heutigen Tag nicht erlebt, wenn Sie vor fünfzig Jahren nicht an Ihre Zukunft geglaubt hätten.

5. *Zeigen Sie Achtung vor der Tradition*
Sie müssen nicht ausgesprochen konservativ eingestellt sein, um Ihren Enkelkindern die Achtung vor den Leistungen früherer Generationen vorzuleben. Diese Achtung lässt sich nicht durch Reden erreichen, aber durch Zeigen, Hinweisen, Vorführen, Erlebenlassen. Das kann mit einem Gang ins Museum verbunden sein oder mit dem Besuch einer Burg, an deren Mauern noch die Steinmetzzeichen zu erkennen sind, die die Handwerker vor 600 Jahren dort hinterließen. Auch schon der Spaziergang durch die Altstadt kann zum Erlebnis werden, wenn die Enkelkinder begreifen, dass in den Straßen und Häusern die Lebenswelten verschiedener Generationen zusammengefügt wurden.

„Lies mir was vor!"

Sigrid Strecker von der „StiftungLesen" in Mainz hatte schon gehofft, dass sich wenigstens eine Hand voll Interessenten für ihr Seminarangebot „Wie lese ich Kindern richtig vor?" begeistern würden. Als sich dann aber fast 40 Seniorinnen und Senioren im Kreishaus Bad Schwalbach einfanden, war sie doch verblüfft.

In einer sechsstündigen Veranstaltung lernten die Teilnehmer alles Wichtige, um ihre Enkelkinder noch gezielter mit Bilder- und Vorlesebüchern beschäftigen zu können. Außerdem hatten sie nach Abschluss dieser Veranstaltung die Möglichkeit, als ehrenamtliche Vorleser der Stiftung in Kindergärten tätig zu werden.

Für das Vorlesen in Kindergärten und zu Hause für die eigenen Enkel gilt in gleicher Weise: Kinder brauchen für eine gesunde körperliche und geistige Entwicklung Bezugspersonen, die mit ihnen

---

Kinder brauchen Bücher

In den vergangenen Jahren ist der Anteil von Kindergartenkindern mit Sprachentwicklungsverzögerungen von 8 auf 25 Prozent gestiegen. Das Modellprojekt „Kinder brauchen Bücher" der StiftungLesen, an dem 800 Kindergartenkinder beteiligt waren, hat indes gezeigt, dass es anders geht. Kinder, denen häufig vorgelesen wird, können sich wesentlich besser konzentrieren und ausdrücken als andere Kinder ihres Alters.

sprechen und ihnen vorlesen. Diese Tatsache gehört zu den Grunderkenntnissen der modernen Entwicklungspsychologie. Eltern und Erzieher sind jedoch mit dieser Aufgabe zunehmend überfordert. Wenn Kinder im Kindergarten nur mehr ruhig gestellt und aufbewahrt werden, wenn zu Hause am Abend der flüchtige Gutenachtkuss die einzige Zuwendung der Eltern bleibt, zeigen sich bald negative Folgen für die Kinder.

Wie soll man vorlesen?

Die Antwort auf diese Frage lautet natürlich für jede Altersgruppe ein bisschen anders.

➤ *Kinder unter 3 Jahren*
Kinder dieser Altersgruppe sind bereits an Bildern und Formen interessiert. Sie haben vielleicht schon in ihrem Laufgitter auf Bilderbüchern aus weichem Plastik herumgekaut. Die Form des Buches ist für sie noch nebensächlich, aber dennoch nicht so unwichtig, wie man vielleicht denken mag.
Wenn es auch eigentlich noch nichts vorzulesen gibt und Großvater oder Großmutter nur auf Formen und Figuren aufmerksam machen sowie Hinweise auf Besonderheiten geben können, setzt doch die Vorlesesituation einen kommunikativen Rahmen. Das Kleinkind sitzt bei Großvater oder Großmutter auf dem Schoß, vor sich das Buch; das Kind liegt im Bett und Großvater oder Großmutter setzen sich mit einem Buch dazu. Das wirkt prägend. Und wenn es einmal zur Gewohnheit geworden ist, kann es schließlich für das Kind zum Bedürfnis werden.

➤ *3- bis 4-jährige Kinder*
Diese Altersgruppe kann schon relativ komplexe Bildergeschichten verdauen. Oft stehen in diesen Büchern nur wenige einfache Sätze unter den Bildern. Erfahrene Großeltern wissen, dass sie sich nicht der Illusion hingeben dürfen, deshalb mit dem Vorlesen schnell fertig zu sein. Kinder in diesem Alter wollen die tieferen Dimensionen der Bilder erkundet wissen. Sie werden also Frage stellen und diese Fragen sind oft so formuliert, dass der Vorlesende aufgefordert wird, mehr zu der Geschichte beizutragen, als im Buch steht. Bevorzugt werden in diesem Alter Geschichten, die den Alltag widerspiegeln und mit den Erfahrungen übereinstimmen, die das Kind in seiner näheren Umgebung macht.

➤ *4- bis 5-jährige Kinder*
In diesem Alter lieben die Kleinen Tiergeschichten und fantastische Erzählungen von allerlei seltsamen Wesen wie Klabautermännern, Trollen,

Hexen, Zauberern, Feen und Einhörnern. Sie sind in der Lage, sich auf eine bereits im engeren Sinn literarische Welt einzulassen. Der Inhalt der Geschichten muss sich nicht mehr unbedingt mit den Alltagserfahrungen decken, sondern wird im Gegenteil als eine Möglichkeit erlebt, den eigenen Erfahrungshorizont zu erweitern.

➤ *6- bis 7-jährige Kinder*
Diese Altersgruppe erfasst bereits komplexe epische Zusammenhänge. Die Erzählung muss nicht immer strikt geradlinig verlaufen, sondern kann auch schon mal einen literarischen Umweg machen. Die Geschichten, die Kinder dieses Alters bevorzugen, atmen schon eine gewisse Dramatik, haben Spannung, gehen zwar immer gut aus, müssen sich aber schon mit dem Element des Negativen, des Verneinenden auseinander setzen. Indianer- und Detektivgeschichten können dafür als Beispiel stehen.

➤ *Kinder im Erstlesealter*
Kinder in diesem Alter können zwar schon selbst lesen, haben es aber dennoch gern, wenn man ihnen vorliest. Ihre Lesefähigkeit entwickelt sich erst allmählich und Lesen strengt sie noch an. Dagegen ist es ein Vergnügen, etwas vorgelesen zu bekommen, besonders am Abend vor dem Einschlafen. Außerdem wollen interessierte Kinder oft sehr viel mehr aus Büchern wissen, als sie schon selbst lesen können. Sachbücher, in denen sie nachlesen könnten, was im Unterricht nur angerissen wurde, verschließen sich noch meist ihrem Verständnis. Hier kann der Vorlesende helfend eingreifen, indem er liest, zeigt und vorführt, den Buchtext gliedert und durch Erklärungen ergänzt. Das wiederum fordert dem Vorlesenden einige Anstrengung ab und bedeutet für Sie als Großeltern auch eine gewisse Vorbereitung.

Vorlesen verlangt vor allem, sich auf die Bedürfnisse des Kindes einzustellen, dem vorgelesen wird. Manchmal artikulieren Kinder diese Bedürfnisse deutlich, indem sie Sie zum Beispiel auffordern: „Lies schneller!" oder „Lies langsamer!", „Lies lauter!" oder „Nicht so laut!". Vor allem sagt Ihnen Ihr Enkel, was ihm vorgelesen werden soll. Manchmal aber merken Sie nur daran, dass Ihnen Ihr Enkelkind entgleitet – im günstigsten Fall in den erwünschten sanften Schlummer –, dass mit dem Vorlesen irgendetwas nicht klappt. Auch der eben genannte günstigste Fall ist nicht unbedingt ein Kompliment für Ihre Vorlesekunst. Das Enkelkind soll zwar nach der Gutenachtgeschichte einschlafen, aber doch nicht schon beim Vorlesen!

Wenn die Aufmerksamkeit Ihres Enkelkindes schwindet, während Sie ihm vorlesen, kann das vor allem zwei Ursachen haben. Entweder lesen Sie das Falsche vor und das Kind verliert das Interesse am Thema oder Sie lesen einfach so schlecht vor, dass Ihnen das Enkelkind nicht mehr zu folgen vermag. Darum ist es nützlich, die folgenden Empfehlungen zu beachten, wenn Sie sich und Ihrem Enkel unvergessliche Lesestunden bereiten möchten.

➤ *Machen Sie sich mit den Büchern Ihres Enkels vertraut*
Zunächst ist es gut, wenn Sie wissen, worum es in dem Buch geht, aus dem Sie vorlesen sollen. Wenn Sie die Lieblingsbücher Ihres Enkels kennen, dann nehmen Sie ruhig einmal einige davon in die Hand und machen Sie sich damit vertraut. So können Sie sich darauf einstellen, wie viele Abbildungen Sie berücksichtigen müssen, wie lang die einzelnen Geschichten oder Kapitel sind und nicht zuletzt auch, wie lesefreundlich das Schriftbild ist. Das gilt im Übrigen nicht nur, wenn Sie abends am Bett eine Gutenachtgeschichte vorlesen.

➤ *Vorlesen erfordert Übung*
Lesen kann jeder, so könnte man denken. Aber Vorlesen erfordert Übung. Probieren Sie es erst einmal für sich aus, ob Sie mit dem Vorlesen zurechtkommen. Stimmt die Beleuchtung? Haben Sie die richtige Brille auf? Kommen Sie mit dem Schriftbild zurecht? So ein Selbsttest ist nicht überflüssig. Sie werden bemerken, wie leicht man sich verliest, die Zeile verliert, Namen oder zusammengesetzte Wörter falsch ausspricht, falsche Betonungen setzt oder Satzzeichen überliest. All das sind Probleme, die Sie beim stillen Lesen natürlich nicht haben.

➤ *Achten Sie auf das Lesetempo*
Wählen Sie ein Lesetempo, das es Ihnen erlaubt, flüssig zu lesen, ohne zu stolpern, den Zeilensprung zu verfehlen, an zusammengesetzten Wörtern zu scheitern – kurz: sich häufig zu verlesen. Besonders ältere Kinder sind vom Willen zum Vorlesen zwar gerührt, aber von der hastigen, verstolperten Art des Lesens mehr irritiert als befriedigt. Machen Sie nach jedem Satz eine kleine Pause. Je jünger das Enkelkind ist, desto wichtiger sind diese Pausen. Geben Sie Ihrem Enkel die Gelegenheit, die Sätze auch wirklich zu verstehen, die Sie gerade vorgelesen haben.

➤ *Lesen Sie deutlich artikuliert*
Das bedeutet nicht, dass Sie die Stimme heben müssen. Da für die meisten von uns das Vorlesen eine wenn schon nicht ungewohnte, so doch besondere Art des Sprechens ist, neigen wir

dazu, einen Text anders vorzulesen, als wir ihn unserem Enkelkind erzählen würden. Dabei ist doch das Erzählen das Ursprüngliche und das Vorlesen nur eine Art Ersatz dafür, dass uns die eigenen Geschichten fehlen, die wir erzählen könnten. Aber da wir uns nun einmal der fremden Geschichte bedienen und sie vorlesen, sollten wir sie weder herunterleiern noch ausrufen wie der Herold eine Proklamation des Königs.

Geübte Vorleser schaffen es, in der kleinen Pause, die jedem Satz folgen sollte, den nächsten Satz mit einem Blick zu erfassen und ihn dann gleichsam aus dem Gedächtnis neu zu schaffen und so vorzutragen, als wäre er soeben erfunden worden. Diese Art des Vorlesens kommt zweifellos dem Erzählen am nächsten.

➤ *Halten Sie Blickkontakt zu Ihrem Enkel*

Suchen Sie hin und wieder wenigstens kurz den Blickkontakt zu Ihrem Enkel. Es ist wichtig, dass Sie seine Reaktionen nicht aus den Augen verlieren, denn nur so wissen Sie, ob es noch dabei ist oder ob seine Aufmerksamkeit bereits nachlässt.

➤ *Gehen Sie auf Illustrationen ein*

Ist das Buch illustriert, und das ist bei Kinderbüchern ja in der Regel der Fall, sollten Sie Ihrem Enkelkind Zeit lassen, sich auch mit dem Bild zu beschäftigen. Sitzt das Kind bei Ihnen auf dem Schoß und schauen Sie gemeinsam in das Buch, ist es einfach, den Fluss des Vorlesens an geeigneter Stelle zu unterbrechen und sich ganz bewusst dem Bild zuzuwenden. Oft steht dem Enkel das Bild schon vor Augen, auf das sich der Text erst einige Sätze später bezieht. Das Bild bindet Aufmerksamkeit. Gerade darum ist es wichtig und nützlich, das Buch vorher schon einmal anzusehen. Sie können Ihrem Enkelkind den Hinweis geben: „Schau mal, das Bild zeigt etwas, das noch gar nicht passiert ist. Da wollen wir doch einmal weiterlesen, bis wir zu der Stelle kommen, die zu dem Bild passt, dann schauen wir es uns noch einmal ganz genau an."

➤ *Nehmen Sie sich immer genügend Zeit zum Vorlesen*

Es ist wichtig, dass Sie nicht eher die Lust am Lesen verlieren als Ihr Enkelkind die Lust am Zuhören. Kinder haben ein sehr feines Gespür dafür, ob Großmutter und Großvater nur eine Pflicht erfüllen, die ihnen eigentlich ein bisschen lästig ist, oder ob sie selbst mit Freude und Engagement bei der Sache sind und ihnen das Vorlesen ein echtes Bedürfnis ist. Wenn Sie also tatsächlich einmal schlecht drauf sind, wenn Ihr Enkelkind Sie darum bittet, ihm etwas vorzulesen, dann sagen Sie ihm ruhig, dass Sie gerade in diesem Moment nicht besonders gut drauf sind. Versuchen Sie eine Vereinbarung zu treffen, das Vorlesen auf einen anderen Zeitpunkt zu verschieben. Vielleicht schaut Ihr Enkelkind Sie aber bei diesem Versuch mit diesem berühmten Blick an, dem Sie noch nie widerstehen konnten. Dann lesen Sie in Gottes Namen. Ihr Enkelkind weiß dann aber, das es keinen hundertprozentigen Einsatz (und keinen hundertprozentigen Genuss) erwarten kann.

Wenn Sie sich selbst für einen guten Vorleser oder eine geübte Vorleserin hatten, was Sie am Erfolg sehen, den Sie bei Ihrem Enkel haben, liegt der Gedanke nahe, diese Fähigkeit auch anderen zugute kommen zu lassen. Die „StiftungLesen" (Adresse im Anhang) wirbt seit einiger Zeit mit Erfolg um Vorlesepaten, die in Kindergärten, Grundschulen und anderen Kindereinrichtungen Vorlesestunden halten. „Ich lese alle zwei Wochen in einem Kindergarten etwas vor – und mir machen diese Besuche großen Spaß", bekennt eine engagierte Dame aus Mainz. „Die Begeisterung der Kinder gibt mir selbst immer wieder neuen Schwung. Darüber hinaus ist es mir wichtig, Kinder für Bücher zu interessieren, denn Lesen bedeutet mir sehr viel. Das Projekt ,Vorlesepaten' halte ich für eine gute Idee, denn vielen Vorleserinnen in der Großelterngeneration fehlt schlicht das Publikum: Bei mir beispielsweise fällt selbst mein jüngster Enkel als Zuhörer weg – er ist 21 Jahre alt."

Auch wenn Sie im Moment noch von Ihren Enkelkindern voll in Anspruch genommen werden, so kommt doch der Zeitpunkt, da Ihre Enkel keine Kinder mehr sind. Wenn Sie dann immer noch Spaß am Vorlesen haben, denken Sie vielleicht daran, dass Sie anderen Kindern damit auch eine große Freude bereiten können.

Zum Lesen erziehen

„Oma, mir ist so langweilig!"
„Dann nimm dir doch was vor!"
„Na, was denn mal?"
„Nimm dir doch mal ein Buch!"
„Ooch, das ist doch auch langweilig!"
Nimm dir doch mal ein Buch! Diese Aufforderung ist sicher gut gemeint. Und als eine positive – Tu das! – Aufforderung ist sie allemal noch besser als eine negative – Lass das! – Anweisung wie: „Häng nicht immer nur rum!" Oder als rhetorische Frage formuliert: „Hast du denn nichts Vernünftiges zu tun?"
Wenn Kinder Lesen als langweilig empfinden, ist etwas schief gelaufen. Ein 8-, 9- oder 10-jähriges Kind ist nicht dafür

verantwortlich, wenn es das Lesen eines Buches als Zumutung empfindet.

Kinder müssen lernen aus Büchern etwas für sich herauszuholen. Nicht nur aus Kinderbüchern, aus Geschichten, die speziell für sie geschrieben sind, sondern auch aus Sachbüchern, Wörterbüchern, Lexika, ja sogar aus dem Telefonbuch.

Es mag in Zeiten der elektronischen Medien anachronistisch erscheinen, das Buch noch als ein Informationsmedium anzusprechen. Kann doch scheinbar ein elektronischer Datenträger oder der weltweit unbeschränkte Zugang zu Informationsnetzen jede Auskunft schneller und effektiver geben. Das ist vielleicht theoretisch richtig, aber praktisch ist es Unsinn. Probieren Sie es aus, wenn Sie eine beliebige lexikalische Information brauchen, zum Beispiel über die Hauptanbaugebiete des Kaffees, weil ihr Enkelkind Sie gefragt hat: „Oma, Opa! Wo kommt eigentlich der Kaffee her, den ihr morgens immer trinkt?"

Der Griff zum entsprechenden Lexikonband und das Nachschlagen unter dem Buchstaben K dauert nur wenige Sekunden. Man hat das Brötchen noch nicht ganz zu Ende gegessen, da kann man dem Enkel schon etwas über Kaffee vorlesen. Im Vergleich dazu dauert der Gang zum Computer, das Hochfahren des Rechners, das Einloggen ins Netz und das Aufrufen einer Suchmaschine mit den Suchbegriffen „Kaffee" und „Anbau-

gebiete" auch bei geübten Nutzern mehrere Minuten. Und dann steht man erst mal vor einer Auswahl von Treffern (wenn man Glück hat sind es nur zehn, wenn man Pech hat einige Hundert), die man erst sichten muss, bevor man an seine Informationen gelangt. Und Sie können noch nicht einmal sicher sein, dass Sie unter den richtigen Suchbegriffen gefahndet haben.

Diese konservative Kritik an den elektronischen Medien soll keineswegs deren Tauglichkeit im Informationszeitalter in Frage stellen, sondern nur mit der Legende aufräumen, mit dem Computer ginge alles schneller.

Einen weiteren Beweis für die Korrektheit dieser Aussage liefert der Wettlauf zwischen elektronischem Notebook und dem Adressbuch aus Papier, wenn es darum geht, eine bestimmte Adresse zu finden. Das Notebook verliert immer. Nicht, dass die Chips nicht wirklich wahnsinnig schnell wären, aber sie fangen halt erst an zu rechnen, wenn die Eingabe mit >Enter< quittiert wurde. Das erfordert immer noch verschiedene Hand- und Bedienschritte – Aufklappen, Einschalten, Menüfunktion auswählen, Suchbegriff eingeben ... –, die weitaus mehr Zeit kosten als der Rechenvorgang selbst.

So allgegenwärtig wie auf Raumschiff „Enterprise", wo Captain Kirk nur rufen müsste: „Computer, Adresse von Onkel

Hermann!", sind die Computer in unserem Leben zum Glück noch nicht.

Ein weiteres Beispiel: Wer wegen einer örtlichen Telefonnummer den Computer hochfährt, eine CD-ROM einlegt, die Suchbegriffe in die Maske eingibt und auf die Ausgabe wartet, ist ähnlich effektiv wie jemand, der sich ein Taxi bestellt, weil er zwei Häuser weiter im Zeitungsladen die Morgenpost kaufen will; wäre er zu Fuß gegangen, würde er schon Zeitunglesen, bevor das Taxi überhaupt kommt.

Es gibt, neben dem Zugriff, noch einen anderen Grund, warum sich elektronisches Medium und Buch so stark unterscheiden, dass das eine das andere nie vollständig ersetzen kann: die Materialanordnung. Elektronische Medien sind dort am stärksten, wo verschiedene Hierarchieebenen ins Spiel kommen, wo man mit Oberbegriffen und Teilaspekten zu tun hat. Bei Computern und anderen elektronischen Medien ist das Material grundsätzlich in einer „Baumstruktur" organisiert. Das heißt man kann vom Oberbegriff, also vom Stamm, „Baum" auf den Ast „Laubbaum" und von dort zum Zweig „Eiche" gelangen. Dort kann man sich dann die Blätter „Deutsche Eiche" und „Amerikanische Eiche" anschauen. Ebenso kann man feststellen, dass „Baum" ein Ast am Stamm „Wald" ist, aber auch am Stamm „Garten" oder „Park".

In Büchern hingegen ist das Material linear organisiert, das heißt sie führen ohne Umwege von einem Anfang auf ein Ende zu. Nicht nur Märchen, Erzählungen und Romane sind so aufgebaut, sondern auch Sachbücher, philosophische Werke, geschichtliche Darstellungen, Lehrbücher und Ratgeber, mit deren Hilfe der Leser Schritt für Schritt zu einer höheren Erkenntnis geführt werden soll; und nicht zuletzt sind auch das Buch der Bücher sowie die Schriften aller großen Religionen der Welt linear aufgebaut.

Die gegebene Bewegungsform in einem Buch ist das gleitende Blättern, die gegebene Bewegungsform in einem elektronischen Medium ist der Sprung per Mausklick.

Wenn man Kindern den selbstverständlichen Umgang mit Büchern nahe bringen will, muss man in vorleben.

Amy Bjork Harris hat das einmal, an die Eltern gerichtet, so formuliert: „Lassen Sie Bücher sichtbar liegen, wenn Sie Wert darauf legen, dass Ihre Kinder lesen. Lesen Sie selbst. Schlagen Sie nach! Kann Ihr Kind das Alphabet? Bringen Sie es ihm bei, wenn erforderlich. Trainieren Sie es. Machen Sie daraus ein Spiel. Wie soll jemand ein Telefonbuch, ein Wörterbuch, ein Schlagwortverzeichnis, ein Lexikon benutzen, wenn er nicht weiß, dass M vor N oder H nach G kommt."[30]

Lesezeit

Wenn die Eltern keine Zeit haben, ihren Kindern Bücher näher zu bringen, ist es Aufgabe der Großeltern, sich diese Zeit zu nehmen. Der aufmerksame Umgang mit Büchern kostet Zeit, aber schon diese Formulierung, dass es etwas kostet, ist negativ besetzt. Wäre es nicht so ungewöhnlich, müsste man besser sagen, der Umgang mit Büchern erschafft Zeit. Denn mit Büchern gelangen Kinder über ihre unmittelbare Gegenwart hinaus. Mit Büchern erlebt jedes Kind seine Zeit auf eine unverwechselbare, einmalige Weise. Die Zeit, die Großeltern dafür aufwenden, ihre Enkel mit Büchern vertraut zu machen, ist wahrscheinlich die beste Investition, die sie je tätigen können.

Wenn man Ihnen sagt, heute würden Kinder anders im Lesen und Schreiben unterrichtet als zur Großelternzeit, nämlich ganzheitlich, und deshalb wäre es auch gar nicht schlimm, wenn ein Kind mit acht Jahren das Alphabet noch nicht kann – scheren Sie sich nicht darum. Bringen Sie es Ihrem Enkel trotzdem bei. Spielen Sie zum Beispiel „Wer hat's als Erster?". Sie brauchen dazu nur ein Lexikon, ein Wörterbuch oder ein Telefonbuch. Legen Sie sich einen Spielrahmen fest, zum Beispiel ein Detektivspiel. Sie beauftragen den kleinen Detektiv, alle „Müllers" im örtlichen Telefonbuch zu finden, deren Vorname mit F und deren Telefonnummer mit einer 7 beginnen. Oder geben Sie als Rahmen „Verwaltung des Nationalparks" vor. Lassen Sie Ihren Ranger im Lexikon möglichst viele Seevögel suchen und dazu kurze Karteikarten anlegen.

Führen Sie Ihr Enkelkind zum Bücherschrank, zeigen Sie ihm, wo die Bücher mit den Geschichten stehen, zeigen Sie ihm, wo die anderen Bücher stehen, die man dann aufschlägt, wenn man etwas ganz Bestimmtes sucht. Zeigen Sie ihm die ältesten Bücher, die Sie haben. Schlagen Sie das Erscheinungsjahr nach und erklären Sie Ihrem Enkelkind, was in der Zeit alles passiert ist, als dieses Buch erschien. Weihen Sie es in die Geheimnisse Ihrer Bücher ein. Machen Sie ihm Lust, selbst im Bücherschrank diesen Geheimnissen nachzuspüren. Haben Sie keine Angst, dass Ihr Enkelkind die Bücher beschädigen oder beschmieren könnte – wenn es erst einmal eine Ahnung hat, was Bücher bedeuten, wird es das nicht tun.

Das Wahrheitsgebot

„Gibt es einen Weihnachtsmann oder nicht? Kommt er durch den Kamin? Und wenn ja, warum macht er sich dabei nicht schmutzig? Und wann geht der Weihnachtsmann denn zu den anderen Kindern?"

Die Geschichten, die Großeltern erzählen oder vorlesen, müssen nicht unbedingt wahr sein. Nicht wahr im streng rationalen, im dokumentarischen Sinn. Nicht wahr auf eine Weise, die vor Gericht als Wahrheit anerkannt würde. Denn es geht nicht um die Tatsächlichkeit der erzählten Geschichte, sondern um ihren Sinngehalt und um ihre emotionale Botschaft.

Der ethische Streit darüber, ob man Kindern immer die volle (und manchmal auch grausame) Wahrheit sagen oder sie besser eine Weile vor ihr beschützen soll, ist ebenso alt wie die Frage, ob es besser ist, Kinder zu einer realistischen Sicht der Welt oder zu einem phantasievollen, spielerischen Umgang mit ihr anzuhalten. Zu den Hardlinern der Wahrheitsliebe gehört zum Beispiel der griechische Philosoph Sokrates, der alle Dichter und Erzähler am liebsten verbannt sehen wollte, weil ihre Geschichten ja doch nur Erfundenes, also die Unwahrheit enthielten; wenigstens aber wollte er die Kinder vor ihnen schützen, damit sie nicht den Kopf mit lauter Unwahrheiten voll gestopft bekämen, die später mühsam wieder entfernt werden müssten, wenn es darum ginge, die Wahrheit zu erkennen. Auch Immanuel Kant zählt zu den konsequenten Vertretern der Wahrheit. Der heute noch hoch geschätzte deutsche Philosoph hielt es für seine Pflicht, selbst seinen besten Freund einem Mörder zu überantworten, auch wenn er ihn durch eine Notlüge retten könnte; denn die Unwahrheit – selbst einem Mörder gegenüber – zu sagen, stelle die Verletzung eines höheren Prinzips und damit eine schlimmere Verfehlung dar, als etwa einem Mord mit philosophischer Gelassenheit zuzuschauen.

Nicht allzu lange vergangen sind die Zeiten, da man das Lesen von Romanen besonders für Mädchen als außerordentlich schädlich ansah, da diese unwahren Geschichten die Phantasie der jungen Damen auf unziemliche Weise beflügelten und sie von der eigentlichen Bestimmung ihres Lebens, den drei großen K – Kirche, Küche, Kind – ablenkten.

Das eigentlich Erstaunliche an dieser Denkungsart ist, dass ihre Urheber oder bezeugenden Autoritäten glauben, ohne weiteres im Besitz der Wahrheit zu sein. Aber wie naiv oder wie unverfroren muss man sein, nicht nur für sich die absolute Wahrheit in Anspruch zu nehmen, sondern auch noch zu glauben, sie anderen aufzwingen zu können.

In der Adventszeit 1897 erreichte die Redaktion der „New York Sun" der drängende Leserbrief der 8-jährigen Virginia. Sie sei nun alt genug, die ganze ungeschminkte Wahrheit zu erfahren, und da ihr Vater nicht bereit sei, ihr diese wahrheitsgemäße Antwort zu geben, müsse sie sich an die Redaktion der „Sun" wenden: „Sagen Sie mir die Wahrheit! Gibt es einen Weihnachtsmann oder nicht?"

Der seinerzeit zuständige Redakteur, Francis Church, antwortete mit einer Lüge, die so oft von den Befürwortern und Gegnern des absoluten Wahrheitsanspruchs zitiert worden ist, dass sie historische Berühmtheit erlangt hat: „Ja, Virginia, es gibt einen Weihnachtsmann."

Natürlich weiß jeder Erwachsene, dass es den Weihnachtsmann nicht gibt. Francis Church hat die kleine Virginia also angelogen.

„Woher wissen Sie eigentlich, dass es keinen Weihnachtsmann gibt?"

„Na, erlauben Sie mal, Mister Church, einen Weihnachtsmann, der am Nordpol wohnt, mit dem Rentierschlitten durch die Luft fliegt, durch Kamine in Häuser eindringt oder gegebenenfalls seinen prall gefüllten Sack durch Schlüssellöcher von Mietwohnungen genau unter den Weihnachtsbaum expediert. Die elementaren Gesetze der Physik …"

„Sie waren offenbar sehr gut in Physik?"

„Na, eigentlich weniger."

„Dennoch wissen Sie mehr, als alle unsere Physik-Nobelpreisträger zusammen. Denn Sie können ausschließen, dass es neben unserem noch ein anderes paralleles Universum gibt, zu dem hin und

Gibt es nun den Weihnachtsmann oder nicht?

Vielleicht hilft Ihnen folgende Untersuchung ein wenig bei der Diskussion um die Existenz des Weihnachtsmanns: Wissenschaftler in den USA haben errechnet, was ein einzelner Weihnachtsmann am Heiligen Abend leisten müsste.

Auf der Erde leben zurzeit rund 2,1 Milliarden Personen unter 18 Jahren. Bei der Berechnung wurde zugrunde gelegt, dass im statistischen Durchschnitt jeweils 2,5 Kinder in einem Haus wohnen. Um all diese Kinder zu besuchen, müsste der berühmte Rentierschlitten des Weihnachtsmanns 840 Millionen Mal anhalten. Und er müsste insgesamt eine Strecke von 350 Millionen Kilometern zurücklegen, um jedes einzelne Haus zu besuchen. Diese enorme Distanz ist nur zu bewältigen, wenn die vorgespannten Tiere regelmäßig gewechselt werden. Insgesamt brauchte der Weihnachtsmann weit über 200 000 Rentiere, um überall hinzukommen. Angesichts dieser schier unlösbaren Aufgabe kann selbst das geduldigste Enkelkind nicht annehmen, dass ein Weihnachtsmann allein in der Lage wäre, alle Kinderwünsche zu befriedigen.

Vielleicht macht ja die Anerkennung der Tatsache, dass in jedem Jahr Tausende und Abertausende Weihnachtsmänner unterwegs sind, den inneren Abschied von *dem* Weihnachtsmann für das Enkelkind etwas leichter.

wieder Berührungspunkte existieren, und dass wir an diesen Berührungspunkten Personen und Phänomene beobachten können, die an den Weihnachtsmann erinnern?"

„Ach, kommen Sie. Paralleluniversum. Das sind so Geschichten aus der Sciencefiction. Das glaube ich einfach nicht!"

„Nun ist es heraus. Sie glauben es nicht. Sie glauben nicht an den Weihnachtsmann. Folglich gibt es ihn nicht. Das ist Ihre Wahrheit."

„Wenn Sie das so sehen …"

„Im Übrigen brauchen wir gar nicht so weit ins Physikalische und Philosophische zu gehen. Meinen Sie nicht auch, dass jeder der vielen hundert Weihnachtsmänner, die alljährlich vor den Kaufhäusern und in den Fußgängerzonen Geschenke verteilen, dass jeder Student, der an den heiligen Tagen im mobilen Weihnachtsmanneinsatz ist, ein kleines Stück der Idee des Weihnachtsmanns verkörpert – allein dadurch, dass er mit dem roten Mantel ein Stück eigene Kindheitserinnerung anzieht?"

Ob in der vorgelesenen Gutenachtgeschichte, im nacherzählten oder vorgelesenen Märchen oder einfach in der Phantasiegeschichte – das Problem bleibt prinzipiell gleich: Soll man dem Wahrheitsgebot immer und unter allen Umständen folgen oder soll man das besser nicht tun. Der amerikanische Philosoph David Nyberg spricht in die-

sem Zusammenhang von den scharfen Kanten der Realität. Das Bild ist sehr treffend gewählt, denn was bei uns Älteren – der Generation der Eltern und Großeltern – vielleicht einen oberflächlichen Kratzer hinterlässt, kann bei einem Kind zu schweren Verletzungen führen. Wenn am Abend die Kinder zu Bett gebracht werden, kann es schon sein, dass sie nicht nur ein Märchen oder eine Geschichte hören wollen, sondern auch Fragen stellen, die uns unangenehm sind. Sie haben in den Fernsehnachrichten, in der Schule von älteren Mitschülern, auf dem Spielplatz oder aus einem Gespräch zwischen Erwachsenen etwas mitbekommen, womit sie nicht fertig werden. Um Liebe und Sex kann es gehen – das sind noch die angenehmsten Themen – oder um Gewalt und Verbrechen – das ist wesentlich unangenehmer. Es kann aber auch um Schreckensbilder von Katastrophen gehen, um Schicksalsschläge, um das Unerklärliche oder um das schwer Erklärbare, das selbst wir Erwachsenen als Tabu aus unserem Bewusstsein gerückt haben. Hierzu zählt zum Beispiel die Frage nach dem Tod.

David Nyberg fragt, ob wir dann mit den Kindern ganz offen über die menschliche Natur sprechen sollten: „Sollten wir ihnen ganz offen sagen, dass die Gewalt allgegenwärtig ist, dass es grausame, rätselhafte Krankheiten gibt, wozu verrückte, wütende und habgierige Menschen in der Lage sind – sollten wir sie mit derartigen Schreckensbildern zudecken?"[31]

Einfache Antworten gibt es meist nur auf einfache Fragen. Das ist aber eine komplizierte Frage. Wie bei allen komplizierten Fragen wird man bei der Suche nach einer Patentantwort, die alle Aspekte einschließt, vermutlich scheitern. Es kann durchaus sein, dass auch ein Kind im Vorschulalter mehr an Wirklichkeit begreift, als wir ihm gemeinhin zumuten wollen. So schaute sich die 6-jährige Marcella mit großem Interesse und spürbarer innerer Beteiligung immer wieder den tödlichen Unfall einer Skiläuferin im Fernsehen an. Sie konnte sich den Namen der Abfahrtsläuferin nicht merken; der war ihr auch ganz gleichgültig. Sie sprach immer wieder von „Melanies Mama", denn die verunglückte Sportlerin hatte eine Tochter hinterlassen, die etwa in Marcellas Alter war. Dadurch wurden die Bilder, die Marcella im Fernsehen sah, plötzlich mit ihrem eigenen Schicksal vergleichbar.

Grundsätzlich haben Kinder einen Anspruch darauf, dass ihre Fragen genauso ernst genommen werden wie die von Erwachsenen. Man muss sich nur mit den Antworten sehr viel mehr Mühe geben, als das Erwachsenen gegenüber in der Regel nötig ist. Die 4. Todsünde der Großeltern ist Gleichgültigkeit gegenüber den Problemen und Fragen ihrer Enkel. Falsch ist es immer, mit einem barschen „Schlaf jetzt endlich!" zu reagieren. „Dafür bist du noch zu klein." oder „Das verstehst du noch nicht." sind Antworten, die Ihre Enkel nicht verdient haben und deshalb niemals zu hören bekommen sollten. Als Großeltern sollten Sie sich den Vertrauensbonus nicht leichtfertig verscherzen, den Ihnen Ihre Enkel geben, indem sie niemand anderen als gerade Sie fragen. Darum ist auch der Satz „Das soll dir Papi morgen erklären." nur eine Ausflucht für den äußersten Notfall, das heißt, wenn Sie sich gar keinen Rat wissen oder wenn Sie sich nicht sicher sind, ob die Eltern des Kindes damit einverstanden wären, dass Sie ein heikles Thema ausführlich und – möglichst objektiv – wahrheitsgemäß darstellen.

„Ich kann dir das jetzt nicht so gut erklären, dass du es verstehst." Mit diesem Satz teilen Sie viel besser mit, dass eine ausführliche Antwort jetzt nicht gegeben werden kann, aber Sie beschuldigen nicht das Kind der Dummheit oder der mangelnden Reife, sondern Sie lokalisieren den Erklärungsnotstand dort, wo er tatsächlich besteht, nämlich bei Ihnen. „Ich werde heute Nacht darüber nachdenken und morgen können wir dann in Ruhe noch einmal darüber reden." Wenn Sie ein Kooperationsangebot unterbreiten, die Aussicht eröffnen, das Problem anderentags gemeinsam zu lösen, wird

Ihr Enkelkind Ihr momentanes Ausweichen eher akzeptieren, als wenn es als unreif abgetan wird.

Die Geschichten des Abends sollten sich schon von den Geschichten unterscheiden, die man möglicherweise im Lauf des Tages erzählt oder vorgelesen hat.

Noch einmal sei in diesem Zusammenhang David Nyberg zitiert: „Was braucht ein Kind vor dem Einschlafen: die Realität oder Trost und Geborgenheit? Manchmal ist ein gutes Märchen, eine wenig plausible Zaubergeschichte, etwas Übermächtiges, das der Alltagsrealität widerspricht, eben genau das Richtige zum Einschlafen."[32]

Und vielleicht auch für den unverrückbaren Glauben an den Weihnachtsmann …

Das Gebot der Aufrichtigkeit

Anders als mit der vermeintlich objektiven Wahrheit verhält es sich mit der subjektiven Aufrichtigkeit. Das Enkelkind hat immer – egal in welchem Alter – Anspruch auf Wahrhaftigkeit und Aufrichtigkeit. Es kann erwarten, dass es ernst genommen wird, dass sich die Großeltern nicht aus der Frage herausschummeln und um eine Antwort drücken. Täuschung, mit der Absicht gar, ein Wohlverhalten zu erkaufen, dessen versprochenen Preis man am Zahltermin gar nicht entrichten kann, führt zum Vertrauensverlust. Ein Beispiel? „Wenn du jetzt schön einschläfst, ist morgen schönes Wetter und wir können segeln gehen." Und wenn nun kein schönes Wetter ist? Was soll das Enkelkind dann von den Versprechungen halten?

Virginia Woolf schildert in ihrem Roman „Die Fahrt zum Leuchtturm" einen Wetterumschlag, der eine den Kindern versprochene Segeltour zum Leuchtturm unmöglich machen wird. Ein Wetterumschlag, der vorerst nur am fallenden Barometer abzulesen ist. Weil die Mutter die Kinder am Abend, als sie zu Bett gehen, nicht vorzeitig enttäuschen will, vielleicht auch, weil sie hofft, dass der Wind sich doch noch dreht, vertröstet sie die Kinder. Ihr Mann beschimpft sie daraufhin, dass sie die Tatsachen ignoriere, bezichtigt sie gar der Lüge.

Virginia Woolf erläutert die Reaktion der Mutter: „Der Wahrheit mit einem so erstaunlichen Mangel an Rücksicht auf andrer Leute Gefühle auf der Spur zu bleiben, die dünnen Schleier der Zivilisation so mutwillig, so brutal zu zerreißen, erschien ihr als ein so ungeheuerlicher Verstoß gegen alle menschliche Anständigkeit, dass sie wie geblendet und ertaubt den Kopf neigte, als wollte sie den Schauer zackiger Hagelkörner, den Guss schmutzigen Spülichts widerspruchslos über sich ergehen lassen. Es gab da nichts zu sagen."[33]

Stellen Sie sich die Szene einmal in Ihrem Großelternhaus vor – in einer ähnlichen Situation: Es kann sich um einen Waldspaziergang oder einen Ausflug in den Zoo oder um eine Angelpartie handeln, auf die sich die Enkel schon wie verrückt freuen. Ist es anständig, die Enkelkinder bereits am Vorabend mit der Mitteilung des Barometerstandes niederzuschmettern? Ist es nicht besser, sie im Gefühl der Vorfreude einschlafen zu lassen? Denn schließlich: Wie oft hat sich der Wetterbericht nicht schon geirrt. Und selbst wenn er zuträfe: Wäre es nicht besser, die Enkel an der Entscheidung teilhaben zu lassen, dass es „bei dem Mistwetter" mit dem Ausflug nichts wird, und gemeinsam über eine Alternative nachzudenken? Würde dabei irgendjemand getäuscht oder belogen? Märchen und Sagen vermitteln diese Wahrhaftigkeit und Aufrichtigkeit. Märchen, Mythen und Sagen können nicht lügen. Sie sagen die Wahrheit auf ihre eigene poetische Weise. Sie teilen unter Umständen aber auch mit, dass eine endgültige, entschiedene und leicht verständliche Wahrheit nicht existiert. Zum Gebot der Aufrichtigkeit gehört daher, dass die Großeltern dem Enkelkind nicht vorschnell mit Lösungen imponieren wollen, wo es keine einfache Lösung gibt. Aufrichtig ist es, die eigene Ratlosigkeit zu gestehen und das Enkelkind in die Suche nach der Antwort einzubeziehen.

„Spiel mit mir!"

Besonders wenn beide Eltern im Erwerbsleben stehen, kann es häufiger, als es gut ist, vorkommen, dass sie nicht dazu aufgelegt sind, abends noch ausufernde Kinderspiele zu betreiben. Der Besuch der Großeltern ist dann die willkommene Gelegenheit, dem aufgestauten Spielbedürfnis freien Lauf zu lassen. Und wehe den Großeltern, die auf die Sturzflut von Spielideen, die sich dann Bahn bricht, nicht eingestellt sind. Häufig tritt aber auch der umgekehrte Fall ein. Das Enkelkind hat den Zirkel aller Spiele, die es zu Hause alleine oder mit den Eltern schon gespielt hat, zur Genüge durchmessen und erwartet nun von den Großeltern, dass sie mit neuen Spielideen aufwarten können. Sehr schnell geraten Sie als Großeltern dann in ein Spiel, das der Transaktionsanalytiker Eric Berne zwar unter die „Spiele der Erwachsenen" einreiht, die aber besonders Kinder mit ihren Eltern und Großeltern mit wahrer Perfektion spielen. Das Spiel heißt „Warum nicht? – Ja, aber …" und geht im Kinderzimmer ungefähr so:

Enkel: „Mir ist so langweilig. Was kann ich denn mal spielen?"
Großmutter: „Nimm dir doch mal ein Buch."

Enkel: „Ach, das ist auch langweilig. Ich hab schon heute Vormittag gelesen."

Großmutter: „Hast du denn schon die neuen Möbel in das Puppenhaus gestellt? Du kannst ein bisschen mit dem Puppenhaus spielen."

Enkel: „Alleine macht das keinen Spaß."

Großvater: „Dann bau doch was aus Lego."

Enkel: „Auf Lego hab ich keine Lust."

Großvater: „Dann räum die Legosteine wenigstens auf, damit sie nicht überall herumliegen. Spiel doch mal Aufräumen."

Enkel: „Darauf hab ich gar keine Lust."

Großeltern: „Dann wissen wir auch nicht mehr, was wir dir vorschlagen sollen."

Das Ziel des Spiels liegt für den Enkel ja nicht darin, die Vorschläge der Großeltern zu prüfen, sondern darin, sie zu verwerfen. Er hat das Spiel gewonnen, wenn die Großeltern keinen Rat mehr wissen. Das Interessante ist, dass ja auch die Großeltern, wenn sie sich auf den Eröffnungszug des Enkels einlassen, bereits ein Spiel spielen, das den Transaktionsanalytikern wohl bekannt ist: Sie nennen es „Ich versuche ja nur, dir zu helfen". Mit diesem Spiel kann der Helfer (Großeltern) sich davor schützen, mit der eigenen Unzulänglichkeit konfrontiert zu werden. Er gibt dem Klienten (Enkel) Rat, dessen Tauglichkeit nicht er, sondern der Klient überprüfen muss.

Natürlich können Sie das Spiel mit dem Enkel durchziehen, wenn Ihnen nichts anderes einfällt. Ob das Resultat für beide Seiten befriedigend ist, darf angezweifelt werden. Sie können sich aber auch, wenn der Enkel das Spiel eröffnen will („Mir ist so langweilig …"), auf die Knie fallen lassen und ihm den Ball zurückspielen: „Okay. Spielen wir. Was wollen wir machen? Schlag etwas vor!" In der Mehrzahl der Fälle, besagen die Erfahrungen von Großeltern, will der Enkel keine Spielvorschläge hören. Er will, dass Sie sich zu ihm herabbegeben und mit ihm spielen.

Was sich in der Praxis bewährt hat

Am häufigsten sind Großeltern als Mitspieler gefragt, wenn die Enkel nicht nach draußen können, weil die Umgebung es nicht zulässt oder das Wetter schlecht ist; oder wenn die Enkelkinder keinen gleichaltrigen Spielkameraden finden.

Für solche Fälle sollten Sie immer ein oder zwei Beschäftigungsbücher zur Hand haben, um die Momente der Ratlosigkeit überbrücken zu können. Auch wenn Sie ein gutes Gedächtnis für die Spiele Ihrer Kindheit haben – in diesen Büchern stoßen Sie garantiert auf die eine oder andere Idee, auf die Sie selbst nie gekommen wären.

„Darf ich auf deinen Schoß?"

Geborgenheit, Sicherheit und Ruhe – das gehört zum Wichtigsten, was Großeltern ihren Enkeln mitgeben können. In der Empfindungswelt der Enkelkinder setzt sich die Vermutung fest, dass die Großeltern, wenn sie schon so lange leben und schon viele Jahre vor den Eltern da waren, ganz schön tüchtig sein müssen. Welche Großeltern wollten dieser Vermutung widersprechen?

Wer es bis hierher geschafft hat, den kann eigentlich gar nichts mehr erschüttern. Kinder werden das nie so formulieren. Aber sie werden das Gefühl der Sicherheit empfinden und sie werden diese Empfindung immer wieder in Anspruch nehmen, wenn sie mit den Großeltern zusammen sind.

Enkel haben einen Anspruch darauf, sich bei den Großeltern sicher und geborgen zu fühlen. Sie sollten, falls das in Ihrem Haus oder in Ihrer Wohnung ein Problem ist, die notwendigen praktischen Maßnahmen einleiten, um auch die äußere Sicherheit für Ihre Enkel zu gewährleisten.

Die ständige Angst der Großeltern, es könnte ausgerechnet bei ihnen etwas passieren, überträgt sich auch auf die Enkelkinder; dadurch entsteht eine emotionalen Verunsicherung, die das Gefühl der Geborgenheit nicht aufkommen lässt.

Überängstlichkeit ist ohnehin ein Thema, mit dem namentlich Großmütter erfahrungsgemäß häufig zu tun haben. Marlies erzählt, wie sie eines Tages zu ihrer Schwiegermutter kam, um Marcella wieder abzuholen. Großmutter Gerlinde empfing sie schon an der Wohnungstür mit den Worten: „Kind, es ist etwas Furchtbares passiert!"

Das hat Marlies erst mal einen schlimmen Schrecken versetzt. „Ich dachte mindestens, das Kind hat sich ein Bein gebrochen, ein Arm musste amputiert werden oder das Augenlicht ist für immer verloren. Und dann war es doch nur eine Beule, die sich Marcella beim Toben mit der Oma im Wohnzimmer zugezogen hatte. Marcella hatte diese Beule längst vergessen, aber Oma war noch immer völlig fertig mit den Nerven, weil das nun ausgerechnet bei ihr, die sie doch immer so vorsichtig war, passieren musste."

Wenn Ihr Enkel nicht einschlafen kann oder will, weil ihm vielleicht Ihre Wohnung oder das Haus noch nicht vertraut genug ist, muss der Opa ans Bett kommen und noch eine Geschichte erzählen oder etwas vorlesen. Oder natürlich die Oma, die vielleicht sogar gebeten wird, sich doch ein bisschen neben das Enkelkind zu legen, damit es besser einschlafen kann.

„Ich wünsch mir so sehr ..."

Es ist natürlich auf der einen Seite ein großer Beweis des Vertrauens und der Zuneigung, wenn Ihr Enkel Sie als Einschlafhilfe benötigt, auf der anderen Seite sollten Sie wissen, dass es richtig ist, hier eine Grenze zu ziehen. Es ist nichts dagegen zu sagen, wenn Oma oder Opa zum Enkelkind ins Bett krabbelt, um noch etwas vorzulesen – nebeneinander liegend, kann man schließlich viel besser gemeinsam ins Buch schauen. „Und es war immer ganz lustig, wenn die Oma zu mir aufs Hochbett gekommen ist, besonders aber, wenn sie wieder runter wollte." So erinnerte sich die heute 10-jährige Marcella an die gemeinsamen Leseerlebnisse mit Großmutter Gerlinde.

Anders sieht es aus, wenn Ihr Enkelkind Sie mit der geballten Gewalt seiner Zärtlichkeiten dazu veranlassen will, tatsächlich neben ihm einzuschlafen, weil es anders nicht einschlafen kann. An diesem Punkt lässt sich ganz gut festmachen, wo das Verständnis endet und das Verwöhnen beginnt. Kinder sollen begreifen, dass der Tagesablauf und Lebensrhythmus von Erwachsenen anders aussieht als der von Kindern. Das heißt auch, Kinder gehen zu der Zeit schlafen, da es für sie an der Zeit ist, Erwachsene gehen schlafen, wenn ihre Zeit gekommen ist. An diesem Grundsatz sollte auch im Großelternhaus oder am Großelterntag nichts geändert werden.

Wie lange können Großeltern dem flehenden Blick ihres Enkelkindes widerstehen, wenn es um ein ganz bestimmtes Spielzeug geht, das schon seit Monaten sein Herzenswunsch ist? Wollen sie überhaupt widerstehen?
Wenn ja, ist der folgende Abschnitt nicht Ihr Thema. Wenn nein, dann stehen Sie gleich vor mehreren Problemen.

1. Welche Spielsachen sind dem Alter des Enkelkindes angemessen?
2. Welche Spielsachen passen zum Typ und zu den Bedürfnissen des Enkelkindes?
3. Warum ist das Zeug, das sich das Enkelkind wünscht, nur so teuer?
4. Wäre es nicht besser, Klamotten oder etwas Praktisches zu schenken?
5. Welche Geschenkalternativen gibt es?

Die vierte Frage sei gleich vorab beantwortet: Nichts ist frustrierender für ein Kind, das sich ein großes rotes Feuerwehrauto gewünscht hat, als stattdessen zwei Garnituren Unterwäsche und zwei Paar Kniestrümpfe für die kalten Wintertage zu bekommen. Für Anziehsachen sind grundsätzlich die Eltern zuständig. So vermeiden Großeltern auch, dass Frustrationen entstehen, weil die Klamotten auch noch als Geschenk akzeptiert und mit Dankbarkeit quittiert werden müssen. Kleidung ist nun mal in den Augen der Kinder ein notwendiges Übel. Welch eine prächtige Feuerwehrwache hätte sich allein von dem Geld anschaffen lassen, das die teure Markenunterwäsche gekostet hat!

Ganz oben auf einer nie geschriebenen Hitliste verfehlter Geschenke rangiert auch die elektrische Zahnbürste, von der die Großeltern meinen, sie sei doch sehr nützlich, denn nun fiele es den Enkeln sicher leichter, sich regelmäßig die Zähne zu putzen.

In einem Internetforum berichtet ein gestresster Vater zum Thema Einkauf von Geschenken: „Leider verursachen auch die lieben Omis und Opis dieses Problem mit, da sie auch meistens Geschenke im größeren Stil aussuchen. Morgen hat meine Tochter ihren ersten Geburtstag. Und ich habe mal eben zusammenaddiert, dass, obwohl wir Rabeneltern nichts schenken, die zu erwartenden Geschenke locker in den vierstelligen Bereich gehen. (Wobei da auch einige ‚Grundausstattungs‘-Geschenke wie ein Triptrap-Stuhl dabei sind; die treiben die Gelduhr auch nach oben.) Und dabei sind die Großeltern noch gebremst und ‚kanalisiert‘ worden. Nur gut, dass die Kleine davon noch nix mitkriegt.

Allerdings weiß ich noch aus eigener Erfahrung aus meiner Kindheit: Von meinen Eltern bekam (und erwartete) ich eine größere Anzahl ‚kleinere‘ Geschenke; Hauptsache etwas zum Spielen und nichts zum Anziehen. Und das teure ‚Systemspielzeug‘ dieser nordischen Firma mit den vier Buchstaben gab's dann immer von den Großeltern. So waren alle zufrieden."

Die Sache sieht anders aus, wenn sich das Enkelkind ausdrücklich etwas zum Anziehen wünscht. Dieses Alter kommt mit Sicherheit; bei manchen Kindern eher, bei manchen später.

Marcella, die jahrelang ihren Eltern die allergewöhnlichsten blauen Jeans, gerade geschnitten und ohne jeden Schnickschnack, abverlangt hatte, gestand eines Tages ihrer Großmutter Gerlinde, dass sie ganz gern auch mal diese schilfgrünen, weit geschnittenen Hosen mit den coolen Seitentaschen tragen würde. Bezeichnenderweise hatte sie ihrer Mutter diesen modischen Sinneswandel noch gar nicht mitgeteilt – wahrscheinlich, um ihr gegenüber nicht das Gesicht zu verlieren. Großmutter Gerlinde hielt den von Marcella ins Auge gefassten Kleidungsstil allerdings für zu militärisch und dem Anschein nach eher für Jungs geeignet. Deshalb legte sie Marcella nahe, sie möge sich doch lieber mal eins „dieser entzückenden Kleidchen" aussuchen. Doch mit diesem Vorschlag provozierte sie nur ein unwilliges Knurren bei Marcella und die Erklärung: „Oma,

ich bin schließlich kein Mädchenmädchen. Nur Mädchenmädchen tragen Kleider und Röcke und Rüschen und so'n Zeugs. Ich bin ein Mädchen und trage Hosen!"
Marcella bekam ihre Hosen.

Welche Spielsachen sind dem Alter des Enkelkindes angemessen?

Es versteht sich von selbst, dass es nicht sinnvoll ist, einem 3-jährigen Jungen eine elektrische Spielzeugeisenbahn der Spurweite N zu schenken. Jedenfalls sollte es sich von selbst verstehen. Wenn dennoch Großväter immer wieder ihren kleinen Enkelsöhnen solche Geschenke machen – mit dem Argument, man könne ja nicht früh genug damit beginnen, seine Sammlung aufzubauen – kann man wohl davon ausgehen, dass die Großväter eher sich selbst einen alten Kindheitstraum erfüllen wollen, als auf die Interessen und Bedürfnisse des Enkels Rücksicht zu nehmen. In der Tat sieht man dann am Weihnachtsabend Großvater und Vater vor der Eisenbahnanlage sitzen und spielen, während der 3-jährige Junge, der das teure Zeug ja eigentlich geschenkt bekommen hat, zum Zuschauen verdammt ist und sich wieder einmal nicht o. k. fühlt.

In der Tabelle auf Seite 81 finden Sie einige Geschenketipps für verschiedene Altersgruppen. Naturgemäß kann angesichts des unüberschaubaren Spielzeug- und Geschenkeangebots sowie der individuellen Bedürfnisse der Kinder nur eine grobe Vororientierung gegeben werden.
Grundsätzlich gilt: Das beste Spielzeug ist immer das, das dem Alter des Kindes entsprechend seine Phantasie, Geschicklichkeit, Bewegung und Feinmotorik sowie sein kreatives Denken fördert. Neben diesem Grundsatz sollten Großeltern bei der Auswahl der Geschenke auch auf Qualität achten und immer die speziellen Spielbedürfnisse ihrer Enkelkinder berücksichtigen.

Welche Spielsachen passen zum Typ und zu den Bedürfnissen des Enkelkindes?

Es ist für ein Kind – ob Junge oder Mädchen –, das leidenschaftlich gern mit Puppen spielt, überhaupt kein Argument, wenn man ihm auf den Wunsch nach der neunzehnten Puppe entgegenhält, es habe ja schon achtzehn.
Gute Karten haben Sie als Großeltern, wenn Ihr Enkelkind sich bereits für ein bestimmtes Spielsystem entschieden hat. Zubehör, ergänzende Teile und er-

weiternde Bausätze kommen immer gut an. Wenn es allerdings zu den Lieblingsbeschäftigungen des Enkelkindes gehört, mit dem Großvater am Wochenende oder in den Ferien angeln zu gehen, wird es sich über Angelzubehör sicher mehr freuen als über eine toll ausgestattete Barbie-Puppe oder einen teuren Systembaukasten.

Vor allem Großeltern, die nicht in der Nähe ihrer Enkel wohnen, geraten relativ häufig in die Situation, dass sie mit den Wünschen ihrer Enkelkinder nicht mehr Schritt halten können. Und das nicht nur in finanzieller Hinsicht.

Die Ansichten darüber, was für das jeweilige Lebensalter des Kindes am geeignetsten ist, sind nicht nur in steter Entwicklung begriffen, sondern auch individuell sehr verschieden. Während das eine 10-jährige Mädchen Puppen einfach öde findet und nur noch am Computer spielen will, hat ein anderes gleichaltriges Mädchen einen Computer bisher vielleicht nur aus der Ferne gesehen und wünscht sich sehnlichst ein neues Puppenhaus.

Manche Großmutter hat sich schon dadurch den Ruf erworben, etwas wunderlich zu sein, dass sie ihrer 9-jährigen Enkelin ein Ausmalbuch schenkt, das dieses aufgeweckte Kind schon mit fünf Jahren langweilig gefunden hätte. Ohne es zu wollen, kann man Kinder auf diese Weise kränken und verletzen; sie haben einfach das Gefühl, nicht ernst genommen zu werden, wenn man mit den Geschenken so unter Niveau bleibt.

Besonders vor teuren Anschaffungen sollten Großeltern noch einmal mit den Eltern des Kindes Rücksprache nehmen. Unter Umständen lassen sich so Fehlinvestitionen und Enttäuschungen vermeiden. Vielleicht können Sie auch gemeinsam (nicht nur mit den Eltern, sondern auch mit dem anderen Großelternpaar) über ein alternatives, nicht materielles Geschenk nachdenken. Vorschläge hierzu finden Sie in der Tabelle auf Seite 83.

Warum ist das Zeug, das sich das Enkelkind wünscht, nur so teuer?

Geschenke sind umso teurer, je mehr sie einem aktuellen Modetrend folgen. Es wird Ihnen nicht immer gelingen, Ihrem Enkelkind auszureden, was gerade in ist. Vielleicht sollten Sie das auch besser gar nicht erst versuchen. Ob es sich um Dinos, Teletubbies oder Pokémons handelt – Modetorheiten muss man einfach aushalten, aber sie gehen enorm ins Geld. Doch auch die Klassiker – erinnert sei nur an die überschlanke Blondine aus Amerika – sind teuer, eben weil sie Klassiker sind.

Geschenke – Empfehlungen für verschiedene Altersgruppen			
	3–6 Jahre	**6–10 Jahre**	**ab 10 Jahre**
Bewegungs-spiele	Fahrzeuge (Kran, Bagger), Dreirad, Schaukelpferd, Traktor, Roller, Rollschuhe, Wurfspiele (Ringe, Bälle, Scheiben), Badezubehör	Tischtennis, Federball, Skateboard, Inline-skates (inkl. Schutz-bekleidung!), Fahrrad, Trampolin, Ballett-kleidung, Schwimm-brille	Sportausrüstung (Schuhe, Taucherbrille), Sport-kleidung, Dartscheibe, Krocket, Boccia, Tennis-ausstattung
Bauen und Gestalten	Holzbausteine, Bauelemente aus Plastik, Knete, Mal-kasten, Buntstifte	Modelliermaterial, Systembaukasten, Fahrzeuge mit Fern-steuerung, Konstruk-tionskästen	Spielzeuge mit Fern- und Funksteuerung, Systembau- und Kon-struktionskästen mit elektronischen Elementen
Experimen-tieren	Sandkastenspielzeug, didaktische Spiele, Verkehrsanlagen (ohne Antrieb), Puzzle, Mobile	Zauberkasten, Tafel und Kreide, Eisenbahn (mit Batterieantrieb) Computer, Lernspiele für PC, elektronisches Spielzeug	Experimentierkasten, Mikroskop, Teleskop, Werkbank, Eisenbahn (mit Netzantrieb), Kinder-Nähmaschine, Dampfmaschine, Webrahmen, Computer
Hören und Sehen	Kassettenrecorder, Kassetten (Hörspiele, Geschichten, Lieder), Bilderbücher, Vorlese-bücher	Kassettenrecorder, Kinderfilme auf Video, Kinderbücher, 3-D-Bücher, populäre klassische Musik	Walkman, CD-Player, CDs einschlägiger Popstars, Kindersach-bücher, Jugendbücher
Rollenspiele	Puppen, Stofftiere, Puppenhaus, Puppen-geschirr	Kinder-Haushalts-geräte, Kaufladen, Puppentheater, Spielmöbel	Kinder-Elektrogeräte, Kostüme und Schminke, Handpuppen
Gesellschafts-spiele	Memory, Domino, einfache Kartenspiele, klassische Würfelspiele, Wissensspiele	Brettspiele (Halma, Mühle, Dame), Themen- und Strategiespiele (Spiel des Lebens), Scrabble	Strategiespiele (Die Siedler von Katan), Denk-spiele, Spielekonsolen und zugehörige Spiele, Computerspiele

In solchen Fällen, namentlich, wenn Ihre Enkel ganz präzise Wünsche geäußert haben, können Sie nur auf günstige Sonderangebote hoffen. Lassen Sie die Finger von Ersatzprodukten: Schenken Sie lieber gar keine Puppe als eine, die nicht echt ist. Oft wird in Bestellshops großer Versandhäuser zurückgegebene, aber völlig einwandfreie Ware zu stark gesenkten Preisen angeboten. Unter Umständen ist dort auch im Spielzeugbereich das eine oder andere Schnäppchen zu machen.

Welche Geschenkalternativen gibt es?

Kinder haben oft Wünsche und Bedürfnisse, die sich nicht in den Rahmen eines klassischen Geschenks zu Weihnachten oder zum Geburtstag bringen lassen. Ist es vielleicht der Herzenswunsch Ihres Enkels, einmal hoch zu Pferde zu sitzen, und haben ihm seine Eltern bisher immer gesagt, dass dies viel zu teuer sei? Möchte Ihr Enkelkind endlich wissen, wie man am Computer Bilder bearbeitet, aber Mama und Papa konnten ihm das auch nicht so genau klären? Sind Ihre Enkel vielleicht in einem Alter, da sie auch einmal ohne ihre Eltern – in einem Kinderhotel zum Beispiel – Urlaub machen wollen?

Vor allem, wenn Ihre Enkelkinder schon etwas älter sind, könnte ein nicht materielles Geschenk eine echte Alternative zum Gameboy oder zum Systembaukasten sein. Allerdings sollten Sie immer darauf achten, die Interessen Ihrer Enkelkinder zu berücksichtigen. Es bringt nichts als Verstimmung, wenn Sie zum Beispiel Ihre Enkelin per Geschenk zum Klavierunterricht verdonnern, nur weil Sie meinen, dass sich das so gehört, dass ein Mädchen Klavier spielen kann.

Die Tabelle gegenüber soll als Anregung für nicht materielle Geschenke dienen, die dem Alter Ihres Enkelkindes entsprechen.

Auch wenn Ihre Enkel noch ganz klein sind, können Sie ihnen und zugleich den Eltern mit einem etwas anderen Geschenk eine viel größere Freude machen als mit dem fünfzigsten Plüschtier und allerlei Schnickschnack, von dem das Kind sowieso genug hat.

Sie wissen vermutlich aus eigener Erfahrung, dass Urlaub mit dem Baby nicht so ganz leicht ist. Von sehr weiten Reisen sollte Abstand genommen werden. Normale Urlaubsquartiere, auch wenn sie sich kinderfreundlich nennen, sind auf die Anforderungen, die ein Baby stellt, oft nicht eingerichtet. Es ist ja nicht nur das Gitterbettchen …

Es gibt jedoch spezielle Kinderhotels, die einen Urlaub mit dem Baby oder Kleinkind nicht nur erträglich, sondern für

Geschenkidee	Alter	Preisbeispiel
Ballettunterricht	4–6	ab 60 DM/Monat
Kindermusikschule	4–6	ab 55 DM/Monat (zum Beispiel Yamaha-Musikschule)
Blockflötenunterricht	ab 6	ab 80 DM/Monat (Zweierunterricht)
Klavier-/Keyboard-Unterricht	ab 6	ab 75 DM/Monat (Gruppen- unterricht), ab 100 DM/Monat (Einzelunterricht)
Malen und Zeichnen	6–8	ab 60 DM/Monat
Theaterworkshop	7–11	5 Tage: 90–120 DM
Kinderzirkus	ab 7	5 Tage: 70–100 DM
Spinnen und Weben	7–9	3 Tage: 40–50 DM
Computerkurs	8–10	ab 150 DM an Volkshochschulen
Computercamp	6–14	ab 495 DM/Woche
Reitunterricht	8–12	Schnupperkurse 100–150 DM
Reiterhof	ab 8	35–90 DM pro Tag
Reitferien	ab 8	420 DM pro Woche
Tai Chi	8-12	Einführungskurs 90–120 DM
Ferien im Juniorklub	Je nach Klub	zwei Wochen: 900 DM
Schnupperwochenende im Juniorklub	Je nach Klub	150 DM

alle Seiten erholsam werden lassen, was ja der Sinn eines Urlaubs sein sollte. In Österreich hat man einen Verbund solcher Einrichtungen gebildet (Adressen finden Sie im Anhang). Hier sind Eltern mit Kindern nicht nur auf dem Papier willkommen, hier werden die Eltern auch dadurch entlastet, dass zum Bei-spiel ihre Babys gewickelt, gefüttert und betreut werden, wenn die Erwachsenen einmal einen Ausflug ohne Kindertrage-gurt machen möchten. Kindereinrich-tungen dieser Art sind allerdings etwas teurer als normale Pauschalreisen.

„Nein, meine Suppe ess ich nicht!“ Man kann Heinrich Hoffmanns Suppenkaspar drehen und wenden, wie man will – ein Würstl mit Pommes, entlockt der Big-Mac-Generation nur das große Gähnen. Darum bieten Kinderhotels maßgeschneiderte Ideen für den Löwen- und den Bärenhunger und jede andere Art von großem Hunger der Kleinen: Vom Babyfläschchen-Wärmer bis zum Kinderstammtisch spannt sich der Bogen. „Und natürlich lassen wir auch die Eltern nicht verhungern …" So werben die Veranstalter.

Aber vielleicht sind die jungen Eltern mit der Vielzahl der Anschaffungen für den neuen Erdenbürger ja ziemlich stark belastet, zu stark, um an einen besonders teuren Urlaub zu denken. Wenn Sie der jungen Familie in dieser Situation beispringen, dürfte das eines der sinnvollsten Großelterngeschenke sein, das sich denken lässt. Die Preise für einen Familienurlaub liegen beispielsweise im Hotel „Trebesinger Hof" zwischen 70 und 100 pro Tag und Person; für einige Aktionsprogramme kommen noch einmal 15 bis 30 pro Tag hinzu. In der Nebensaison gibt es Pauschalangebote zwischen 1 100 und 1 400 und in der Hauptsaison zwischen 1 250 und 1 850 pro Woche für jeweils zwei Erwachsene und ein bis zwei Kinder. Diese Angebote umfassen das Komplettprogramm des Hotels.

Ein anderes Preisbeispiel: Im Baby- und Kinderhotel „Dreiländereck" kostet ein großes Familienzimmer pro Person und Tag 60–72 , ein Appartement (zwei Zimmer mit Verbindungstür) 83–100 pro Person und Tag.

Im Babydorf „Trebesing" kann ein Familienappartement ab ca. 90 pro Person und Tag gemietet werden.

„Was soll ich nur machen?"

„Oma, ich hab mir ein Loch in meine neue Hose gerissen, in meine Lieblingshose, ich trau mich nicht nach Hause, sie war doch ganz neu und sie war furchtbar teuer, Mama wird sehr böse sein mit mir. Was soll ich nur machen?"

Vor allem, wenn die Großeltern in der Nähe wohnen, werden sie hin und wieder in ernsten Situationen um Rat gefragt. Auch wenn die Situation für die Großeltern selbst ganz harmlos erscheint, von den Enkelkindern wird sie möglicherweise als sehr ernst empfunden. Großeltern um sich zu haben, die Rat geben können, gibt den Enkeln das Gefühl eines starken Rückhalts.

„Was ich von meiner Großmutter gelernt hab? Sie war Linkshänderin wie ich", erinnert sich Britta. „Sie hat mir beigebracht, wie man Schnürsenkel bindet."

Allerdings können sich Großeltern einen solchen Bonus sehr schnell verscherzen, wenn sie, statt Rat zu geben, es besser wissen. Für Sie als Großeltern kommt es also darauf an, den Rat so zu formulieren, dass er eine Chance hat, angenommen zu werden. Dies gilt umso mehr, je älter die Enkelkinder werden.

Außerdem sitzen Großeltern oft in der Zwickmühle, wenn ihre Enkel sie um Rat fragen. Einerseits wollen sie natürlich helfen, andererseits möchten sie sich nicht in die Erziehung ihrer eigenen Kinder einmischen. Als Großeltern vollfüh-

ren Sie stets einen Balanceakt, wenn Sie helfend eingreifen wollen.

„Wir müssen halt immer wieder versuchen, einen Weg zu finden, auf die Entwicklung der Enkel einzuwirken, ohne uns in die Erziehung einzumischen", meinen Hans-Joachim und Elisabeth. „Der Grat ist ja schmal. Sagt man was, holt man sich vielleicht eine Abfuhr. Sagt man nichts, kriegt man hinterher zu hören: ‚Hättest du doch was gesagt, dann wäre uns das erspart geblieben.' "

Was die Enkel den Großeltern geben

Enkel geben eine neue Gegenwart

Silvia (62) erzählt: „Es ist schon merkwürdig, so ein kleines Mädchen zu beobachten, das demnächst zwei Jahre alt wird. Obwohl sie doch gar nicht so viele aufregende Dinge erlebt, scheinen alle Geschehnisse in ihrem Leben viel schärfer betonte äußere Formen zu haben, als wir uns als Erwachsene in unserer Abgeklärtheit vorstellen können. Zwischen Freud und Leid, zwischen Glück und Unheil ist der Abstand viel, viel größer als bei uns Erwachsenen. Alles, was Philine erlebt und erfährt, hat für sie eine solche Unmittelbarkeit und Absolutheit, jede Begebenheit, jede Tat ist Ausdruck von starken, tief empfundenen Bedeutungen, zu denen wir oftmals gar keinen Zugang mehr haben. Ein kleiner Ritz am Finger ist in diesem Augenblick der größte Schmerz, der überhaupt jemals empfunden werden kann. Und außerdem bedeutet er für Philine, dass sie etwas getan hat, was sie nicht hätte tun dürfen, und das macht den augenblick-lichen Schmerz noch viel schlimmer. Irgendwann habe ich bemerkt – ich glaube, sogar eher als Philines Mama –, was in ihr vorging. Wenn ich ihr ganz vernünftig zuredete, der kleine Ritz sei doch gar nicht so schlimm, fing sie noch viel heftiger an zu weinen. Sie wollte nämlich gar nicht wissen, dass ihr Fingerchen bald nicht mehr weh tut, das wusste sie längst selber, und der Ritz im Finger war tatsächlich nach ein paar Minuten vergessen. Was sie von mir hören wollte, war vielmehr, dass sie nichts Schlimmes angestellt hatte, dass sie nur ein bisschen unvorsichtig gewesen ist, dass mir das auch schon oft passiert ist, dass so etwas immer mal wieder vorkommt, dass man das aber vermeiden kann, wenn man besser aufpasst … Mit anderen Worten: Nicht wegen des kleinen physischen Schmerzes wollte sie von mir getröstet werden, sondern wegen des großen seelischen Kummers, den sie aus diesem Anlass empfand."

Kinder wollen o. k. sein. Denn ihr psychisches Grunderlebnis ist, nicht o. k. zu sein. Hunger – und keine Brust in der Nähe. Nass – wer macht mich trocken?

Das darf ich nicht anfassen. Und da darf ich nicht hingehen. Das darf ich nicht in den Mund nehmen. Das soll ich in den Mund nehmen. Das will ich aber nicht in den Mund nehmen. Das muss ich in den Mund nehmen.

Das ganze erste Jahr eines Kindes ist von solch deprimierenden Erfahrungen bestimmt, die es zwar nicht verbal artikulieren kann, die es aber als ein Bündel von negativen Gefühlen tief in seinem Gedächtnis speichert. So tief, dass es den Menschen als Kindheits-Ich lebenslang begleitet.

„Je öfter ich mit meinem Enkelkind zusammen war, je intensiver ich Philine bei ihren spontanen Gefühlsausbrüchen beobachtete, desto mehr wurde mir bewusst, dass ich auch einmal Kind war. Immer häufiger passierte es mir in unangenehmen Situationen, dass ich die Gefühle, die dann in mir hochkamen, gleichsam wieder erkannte, weil ich sie schon einmal erlebt hatte. In meiner frühesten Kindheit.

Ich glaube, wir können, in unserer erwachsenen Gegenwart, gar kein Gefühl haben, das nicht in irgendeiner Weise mit den Gefühlen aus unserer Kindheit verknüpft ist. Im Spiegel der spontanen Gefühlsäußerungen meines Enkelkindes lernte ich meine eigenen Gefühle besser begreifen und das Verhalten der anderen besser verstehen. Die Welt besteht schließlich nicht nur aus Philine und

mir, auch wenn ich manchmal diesen Eindruck hinterlassen habe. Ich habe verstanden, dass andere Menschen, die verletzt, deprimiert oder von Unglück betroffen sind oder die auch nur schlecht gelaunt herumlaufen, ebenfalls nur des ermutigenden Zuspruchs bedürfen, um ihre negativen Gefühle zu überwinden. Im Grunde ist die Situation nicht anders als bei einem kleinen Kind."

Amy Bjork und Thomas A. Harris, die Mitbegründer der Transaktionsanalyse, haben dieses Phänomen einmal so beschrieben: „Wir sind heute das, was wir einmal gewesen sind. Die Nicht-o.-k.-Gefühle, die sich aus der Abhängigkeit und Hilflosigkeit unserer ersten Lebensjahre ergeben, sind aufgezeichnet und jederzeit abrufbar, wenn wir in Situationen geraten, in denen wir uns abhängig und hilflos vorkommen. Wenn wir beschämt sind, wird beispielsweise der Schaltkreis ‚Scham' aktiviert. Dann erinnern wir uns nicht nur daran, dass wir einmal beschämt waren, wir durchleben es noch einmal, wir sind noch einmal der beschämte kleine Mensch, der wir einmal gewesen sind. Wir empfinden die gleichen Gefühle, die wir früher einmal gehabt haben, und erliegen damit der nachhaltigen, kumulativen Wirkung, die diese Gefühle in der Gegenwart auf uns haben."[34]

Aber nicht nur die negativen Gefühle werden im Kindheits-Ich gespeichert.

Auch die positiven Gefühle haben dort ihren Platz. Hierzu gehören zum Beispiel Empfindungen, die durch Trost, Zuwendung, Liebe und Streicheln ausgelöst werden. Das ist ja gerade der Grund, wehalb es uns so wohl tut, wenn unser Kindheits-Ich gestreichelt wird. Das ist der Grund, weshalb wir Beziehungen suchen, die uns nicht nur äußere Sicherheit, sondern auch innere Sicherheit – die Gewissheit, gestreichelt zu werden – versprechen.

Amy Bjork und Thomas A. Harris drücken es so aus: „Beziehungen sind für das Streicheln, was die Getreidespeicher für das Brot sind: eine Versorgungsgarantie. Der Mensch wird definiert durch die Summe seiner Beziehungen. Wenn Sie wissen möchten, wer Sie sind, betrachten Sie Ihre Beziehungen."[35]

Angenehme, friedvolle und wohlwollende Großeltern haben teil an der Ausprägung des Eltern-Ichs ihrer Enkel und die angenehmen Gefühle, die dadurch erzeugt werden, gehen in das Kindheits-Ich ein. Auch wenn es darüber keine klinischen Langzeitstudien gibt. Man kann ohne Übertreibung sagen, dass ein harmonisches Großelternhaus nicht wenig dazu beiträgt, dass das kleine Enkelkind später mit Konflikten besser fertig wird.

Auch Gerlinde geht, seit ihre Enkelin Marcella da ist, anders an viele Probleme heran: „Ich mache mir jetzt mehr Gedanken, aber das ist gar nicht schlecht. Ich nehme Dinge wieder wahr, die ich für unwichtig gehalten habe, einfach weil ich weiß, dass sie für meine Enkeltochter wichtig sind. Andere Dinge, die ich furchtbar wichtig genommen haben, sehe ich gelassener. Wieder anderes, das mir nicht, wie meine Enkelin sagen würde, ‚am Arsch vorbeigeht', nehme ich nun nicht mehr einfach hin, sondern setze mich zur Wehr, schlage Krach, klemme mich dahinter."

Hans-Joachim, sechsfacher Großvater aus dem Vogelsbergkreis meint: „Heute will jeder etwas Besonderes sein. Besonders tüchtig, besonders begabt, besonders reich, besonders schön, irgendwie immer super. Wir sind einfach nicht mehr normal. Das ist ja schon fast anrüchig. Wir sind bei unseren Enkeln immer davon ausgegangen: Das sind normale Kinder, für die es sich lohnt zu leben, denen gegenüber wir Verpflichtungen haben, was ihre Ausbildung und Erziehung betrifft. Und das erinnert uns immer daran, dass es dabei nicht nur um unsere eigenen Enkel geht, sondern um alle Kinder, die diese Möglichkeiten eigentlich haben müssten. Es ist schon wichtig sich dafür einzusetzen. Das ist etwas mehr, als nur für die eigene Familie da zu sein."

So wie Hans-Joachim und Elisabeth werden viele Großeltern durch die Existenz der Enkel veranlasst, über den engeren

Familienhorizont hinauszublicken. Bei Hans-Joachim und Elisabeth sind auch andere Kinder, die Freunde und Freundinnen der Enkel, stets willkommen.

Die Schauspielerin Carola Höhn hat mit 90 Jahren vielleicht am besten ausgedrückt, wie ihr Enkel ihre Gegenwart beeinflusste. Sie hat einmal gesagt, dass sie am liebsten mit ihrem Enkel Daniel (damals 28) zusammen sei, und das beruhe auf Gegenseitigkeit.

„Er sagt auch nicht Oma, sondern Carola zu mir. Er stellt mir seine Freunde und Freundinnen vor, bittet mich um Rat. Wir haben ein richtig freundschaftliches Verhältnis", verriet sie einer Illustrierten.

Enkel geben Zukunft

In einer 1981 durchgeführten Befragung wurden Großeltern gebeten, ihre Großelternrolle aus ihrer eigenen subjektiven Sicht darzustellen. Sie hatten die Wahl, sich zwischen mehreren vorformulierten Aussagen zu entscheiden, die ihrer Ansicht nach ihre Großelternrolle am stärksten bestimmten. Im Wesentlichen unterscheiden sich die Angaben, die seinerzeit von den Großeltern gemacht wurden, kaum von den Antworten, die man heute von den meisten Großeltern spontan bekommt.

➤ *Hoffnung, den Enkelkindern helfen zu können*
Die meisten Großeltern möchten dazu beitragen, ihren Enkelkindern die bestmögliche Ausbildung zu gewährleisten. Dieser Wunsch wird auch mit bestimmten Aussagen, die häufig von Großeltern zu hören sind, zum Ausdruck gebracht: „Mit der warmen Hand gebe ich lieber als mit der kalten." Oder: „Manches im Alltag ist heute zwar viel leichter, aber beruflich ist es viel schwerer für die Jungen, auf einen grünen Zweig zu kommen."

➤ *Biologische Erneuerung*
Großeltern drücken es heute etwa so aus: „Wenn man Enkel hat, weiß man, dass das Leben irgendwie weitergeht." Oder: „Seit ich Enkelkinder habe, bin ich beruhigt, dass die Kette der Generationen nicht abreißt." Oder auch: „Die Enkelkinder fordern mich so sehr, dass ich völlig neue Seiten an mir entdeckt habe."

➤ *Die Enkel sollen erreichen, was einem selbst verwehrt war*
Vor allem die Großeltern, die den Krieg und die Nachkriegszeit nicht nur bewusst wahrgenommen, sondern deren Folgen auch als Einschränkung der eigenen Lebensentfaltung erfahren haben, möchten ihre Enkel darin bestärken, all die Chancen wahrzunehmen, die sie selbst nie hatten. „Junge, du kannst promovie-

ren, du hast das Zeug dazu, ich musste damals mein Studium abbrechen, um den väterlichen Betrieb zu übernehmen."

➤ *Zweite Chance*

Großeltern sagen etwa: „Bei einem Enkelkind kann man beweisen, dass man ein besserer Großvater ist, als man ein guter Vater war." Oder: „Bei meiner Enkeltochter kann ich vieles besser machen; meinen Sohn musste ich erziehen, meine Enkelin brauche ich nur zu lieben." In diesem Zusammenhang sprechen viele Großeltern auch von ihrer emotionalen Erfüllung: Sie fühlen sich in der Großelternrolle viel wohler, als sie sich einstmals in der Elternrolle gefühlt haben.

Gerlinde sagt: „Ich mache mir um die Zukunft im Allgemeinen Sorgen, wegen der Gefährdung durch Drogen, durch zunehmende Gewalt an den Schulen und wegen der Verrohung der Menschen im Umgang miteinander. Ich hoffe, dass meine Enkelin eine gute Ausbildung bekommt, einen Beruf findet, der ihr Freude macht, und später eine Familie gründen kann, damit das Band der Generationen nicht abreißt."

Sorgen machen sich auch Hans-Joachim und Elisabeth. „Großeltern, die sich überhaupt keine Sorgen machen – und die gibt's ja auch –, die leben ja auch nicht mit den Enkeln, die leben auch nicht mit ihren Kindern, die sind halt nur auf dem Papier Großeltern. Natürlich sorgt man sich um die Zukunft. Wie wird das Berufsleben der Enkel aussehen? Wie wird sich das Finanzielle gestalten? Wie geht es überhaupt weiter in der Gesellschaft?"

Auch Silvia macht sich Sorgen um die Zukunft von Philine. Sie glaubt, dass es die Jungen heute viel schwerer haben, eine dauerhafte berufliche Orientierung zu finden. „Ich kriege das ja bei den Kindern mit; die haben nicht mehr wie wir einen Beruf, den man mehr oder weniger sein ganzes Leben lang ausübt, die erledigen einen Job. Und dann erledigen sie wieder einen anderen, und der stinkt sie schon an, bevor sie ihn angehen, deshalb suchen sie sich dann bald wieder einen neuen."

Und die Gefahr, die sie dabei sieht? „Wenn man zuhört, wie die Jungen über ihre Jobs reden, so verächtlich, manchmal voller Abscheu, so hätten wir früher nie über unsere Arbeit gesprochen, selbst über eine ungeliebte. – Jetzt bin ich auch schon fast so weit, dass ich alles besser finde, was früher war? Nee, nee. Aber im Ernst. Das ist doch eine Entwertung der Arbeitswelt. Dem muss man doch Werte entgegensetzen.

Vielleicht kann ich Philine ja beibringen, dass das, was sie und die anderen machen, etwas wert ist und dass man voreinander Achtung haben muss. Vielleicht fängt damit etwas Neues an.

Na ja, wenn ich mir solche Gedanken über die Zukunft mache, ist das doch besser, als wenn ich nur von Vergangenem schwärme, oder?"

Enkel begegnen ihren Großeltern mit Nachsicht

Die Beziehung zwischen Großeltern und Enkeln ist keineswegs eine Einbahnstraße, auch wenn manche Enkel, mit dem Blick auf Opas Portmonee und Omas Kreditkarte das selbstverständlich annehmen. Enkel betrachten ihre Großeltern vor allem als eine sprudelnde Geschenkequelle. Das sollte man ihnen jedoch nicht übel nehmen.

Man kann von kleinen Kindern nicht erwarten, dass sie selbst begreifen, was sie ihrerseits den Großeltern geben. Ohne es zu wissen, begegnen sie Oma und Opa mit einer Haltung, die den Großeltern das Gefühl gibt, verstanden und angenommen zu werden.

Dieser Aspekt wird umso wichtiger, je mehr die gesamte Gesellschaft dem Jugendwahn erliegt und Menschen nur noch akzeptiert werden, wenn sie bis ins hohe Alter oder bis zum Umfallen – im weniger hohen Alter – schick, schlank, schön, sportlich, dynamisch, erfolgreich und sexy bis zum Abwinken sind.

Besonders die mittlere Generation neigt zu Ungerechtigkeit und Unduldsamkeit gegenüber den Älteren. Die „Sandwich-Generation" sieht sich eingeklemmt zwischen den Bedürfnissen der Kindererziehung und den Anforderungen, die die älter werdenden Eltern nun doch hin und wieder stellen. Das überfordert sie oftmals und manchmal genügt dann schon ein an sich harmloses Wort, das wie ein Zündfunke eine Explosion hervorruft.

Erfahrene Großeltern wissen, dass sie sich, besonders hinsichtlich der Erziehung der Enkel, äußerste Zurückhaltung auferlegen müssen und im Hinblick auf abweichende Wertvorstellungen und Ordnungsbegriffe jedes Wort auf die Goldwaage legen sollten. Jedenfalls bei den Eltern.

Wie empfand das der Enkel in Iskanders Erzählung? „Doch auf einmal überkommt mich heißes Mitleid mit Großvater. Großvater, Großväterchen, denke ich, warum schimpfen sie bloß alle mit dir, warum nur?"

Großeltern merken es, wenn Enkel so empfinden, auch wenn sie nichts sagen. Und sie wissen, dass Mitleid nichts anderes bedeutet als Miterleiden von Ungerechtigkeit. Und dieses Miterleiden ruft ein starkes Bedürfnis nach Solidarisierung wach, wie es allen Menschen natürlicherweise eigen ist.

Enkel sind zu solch solidarischen Akten fähig. Solange es den Eltern noch nicht gelungen ist, sie vollends zu verziehen, erwarten sie vom Opa nicht, dass er die Relativitätstheorie erfindet und von der Oma nicht, dass sie das Radium entdeckt. Opa muss sich nicht geben wie ein Rockidol und Oma nicht wie eine Laufstegschönheit. Sie müssen einfach nur Oma und Opa sein.

Im Übrigen sind Großeltern und Enkel schon deshalb natürliche Verbündete, weil sie beide von den Eltern ihr „Fett" abbekommen.

Die 7 Todsünden der Großeltern

Wenn Sie sich in die Erziehung einmischen

Großeltern haben einen nicht zu unterschätzenden Vorteil gegenüber ihren Kindern, die Eltern sind oder im Begriff stehen, Eltern zu werden: Sie waren selbst schon einmal Eltern. Man könnte sagen, nichts Kindliches ist ihnen fremd. Dieser Vorteil kann sich allerdings sehr schnell als Hindernis entpuppen. Großeltern neigen zu dem Irrtum, sie würden zum zweiten Mal Eltern, wenn ihre Kinder Eltern werden.

Die große Schwierigkeit, vor der alle Großeltern stehen: Sie sind niemals Großeltern in „Reinkultur", weil sie zugleich Eltern und Schwiegereltern bleiben. Als Eltern können sie nicht über ihren Schatten springen und als Schwiegereltern haben sie es besonders dann schwer, wenn sich Spannungen zwischen Mutter und Schwiegertochter aufbauen, die unter Umständen zum klassischen Schwiegermutter-Konflikt führen.

Geradezu verwerflich ist es, wenn die Enkelkinder als Soldaten im Familienkrieg eingesetzt werden. Ruth Gall hat in ihrem Buch „Problemfall Schwiegermutter" authentische Fälle zusammengetragen, wobei jeder für sich genommen, bereits eine Katastrophe darstellt. Wenn man nun auch noch berücksichtigt, dass bei jeder achten Scheidung der Schwiegermutter-Konflikt eine Rolle spielt, kann man zumindest erahnen, was die Enkelkinder solcher Schwiegermütter oft an seelischer Bedrängnis erfahren.

Wahrscheinlich ist es eher die Regel als die Ausnahme, dass die Großeltern mit dem Erziehungsstil der Eltern nicht hundertprozentig einverstanden sind. Gerlinde, die Großmutter von Marcella, ist beispielsweise der Meinung: „Man soll Kindern Gehorsam beibringen und Grenzen aufzeigen. Ich glaube, mein Sohn und seine Frau erziehen zu sanft und antiautoritär. Das Leben ist hart. Dafür muss man trainiert sein."

Marcella hat natürlich vom antiautoritären Erziehungsstil ihrer Eltern eine ganz andere Meinung als ihre Großmutter.

Marlies vertritt als Mutter die nicht unbegründete Ansicht, dass zwischen dem Aufzeigen von Grenzen und der Erziehung zum Gehorsam ein Unterschied sei. Gerlinde ist jedoch klug genug, ihre Einstellung nicht in die Erziehung der Enkelin einzubringen. Das würden Marlies und Tobias auch nicht zulassen. Wie Gerlinde außerdem selbst einräumt, hat sie Tobias als Kind vielleicht etwas zu streng zum Gehorsam angehalten.

Auch Bert und Karin, die sich als moderne Großeltern sehen, gehen nicht in jeder Hinsicht mit den Erziehungsgrundsätzen ihrer Tochter konform. Aber sie sagen: „Wir halten uns da vollkommen raus. Es gibt unterschiedliche Auffassungen zu zeitlichen Regelungen wie zum Beispiel Essenszeiten, aber die bleiben in unserer Beziehung zur Tochter und zu den Enkelkindern grundsätzlich außen vor."

Es gibt aber nicht nur eine aktive Art der Einmischung in die Erziehungsmethoden der Eltern, sondern auch eine passive: das Geschehenlassen von Dingen, die im Elternhaus nicht erlaubt sind. Wenn die Eltern nicht wünschen, dass ihr Kind Cola trinkt, müssen die Großeltern ihr Enkelchen beim Wochenendbesuch nicht unbedingt mit Cola abfüllen. Wenn die Eltern darauf Wert legen, dass ihr Kind bestimmte Sendungen im Fernsehen nicht sieht, sollte es diese Sendungen auch bei den Großeltern nicht sehen. Wenn sich die Eltern, aus welchen Gründen immer, zu überzeugten Vegetariern entwickelt haben, ist die Wurst-platte auf dem Abendbrottisch der Großeltern zwar eine Verlockung für die Enkel, aber keine, die ihnen das tägliche Leben erleichtert.

Großeltern tun gut daran, nicht nur jede aktive Einmischung in die Erziehung zu unterlassen, sondern sich auch im Dialog mit ihren Kindern und den Schwiegerkindern über die Erziehungsprinzipien zu verständigen, damit auch eine passive Einmischung ausgeschlossen werden kann. Denn die Leidtragenden solcher Differenzen sind am Ende doch nur die Enkelkinder.

Wenn Sie Ihre Enkel nicht so lieben, wie sie sind

Marita erinnert sich, dass sie immer ein komisches Gefühl hatte, wenn die Großmutter zu Besuch kam.

„Die ganze Familie war irgendwie in Unruhe. Meine Eltern spielten verrückt. Mein Vater nahm sich extra ein paar Tage frei, auch wenn es in der Firma schwierig war und sie ihn dort schon auslachten: ,Na, kommt Mama wieder zu Besuch?' Meine Mutter schwebte mit dem Staubwedel durch die Wohnung, wusch die Gardinen, putzte die Fenster und polierte die entlegensten Stellen.

Oma wollte etwas geboten haben, wenn sie sich schon die Mühe machte, uns zu besuchen. Und damit es sich lohnte, blieb sie auch gleich drei Wochen. – Meine Eltern hatten keine Chance. Vatis Kulturprogramm gab meist nur zu Bemerkungen über den Verfall der Kultur Anlass, denn Oma hatte das alles in Hamburg unter Gründgens schon einmal viel besser gesehen. Und Muttis Putzorgien war immer noch irgendwo ein Restchen Staub entgangen, das Oma mit tödlicher Sicherheit fand: ‚Kinder, ihr arbeitet ja so viel, ich werde mich mal ein bisschen um den Haushalt kümmern müssen.‘

Am schlimmsten aber war es, wenn ich examiniert wurde. Ich musste meine Schulnoten offen legen, ich musste vorführen, welche Fortschritte ich in der Klavierstunde gemacht hatte. Natürlich bekamen meine Eltern dann zu hören, dass sie ‚das Kind‘ – also mich – nicht genügend förderten. Sie hätte ja auch sagen können: ‚Marita wird nicht genügend gefördert.‘ Aber wenn es darum ging, meine Eltern abzuwatschen, war ich ‚das Kind‘. Einer ihrer Lieblingssätze war: ‚Als ich in deinem Alter war, habe ich schon …‘ und ein anderer: ‚Wir hätten nach dem Krieg viel darum gegeben, wenn …‘ Für diese Sätze habe ich sie gehasst, denn sie gaben mir ständig das Gefühl das ich Unrecht tat, was ich und wie ich es auch tat. Und ich habe sie dafür gehasst, dass sie meine Eltern so

ohne Achtung, so von oben herab behandelte. Und mit der Zeit habe ich es meinen Eltern übel genommen, dass sie sich das gefallen ließen. Heute weiß ich, dass ich meine Achtung für sie im gleichen Maß verloren habe, wie sie ihre Selbstachtung der mächtigen Mutter gegenüber aufgaben. Bis heute weiß ich nicht, warum das so gelaufen ist, aber es ist nun mal so gelaufen. Und das Verrückteste ist, dass ich Oma auf der anderen Seite sehr geliebt habe, denn sie konnte wunderbar und eindrucksvoll erzählen, von früher, von Hamburg und den großen Schiffen, von der Zerstörung der Stadt im Krieg und von all den Dingen, die in der Schule immer so langweilig klangen. Und sie konnte zuhören, wenn ich ihr von meinen Jungmädchenproblemen erzählte. Besser sogar als meine Eltern. Ich weiß, dass sie nicht gebilligt hat, was ich ihr da erzählte, und dass sie es insgeheim wieder als Beweis für den allgemeinen Kulturverfall genommen hat, aber sie hat mir trotzdem aufmerksam zugehört. Dafür ging es dann allerdings in Kleinigkeiten wieder los mit den Belehrungen. ‚Hausaufgaben brauche ich heute keine machen.‘ ‚Zu machen‘, belehrte sie mich. ‚Pflegen und brauchen pflegt man mit ‚zu‘ zu gebrauchen.‘ Und so in einem fort, dass man dabei wahnsinnig werden konnte.“

An diesem eher noch harmlosen Beispiel wird deutlich: Oft ist es eine schwierige

Gratwanderung für die Großeltern, das Beste für ihre Enkel zu wollen und sie gleichzeitig so zu nehmen, wie sie sind.

Wirkliche Torturen muss ein Mädchen ausgestanden haben, das an einer Hüftgelenksluxation litt und sich über Jahre hinweg schmerzhaften Behandlungen unterziehen musste.

Die Mutter berichtet: „Da die Schwiegermutter keinen ‚Behinderten‘ in der Familie zulassen wollte (‚bei uns kommt so was nicht vor!‘), hat sie ständig an dem Kind herumgenörgelt und geschimpft. Keine Gelegenheit hat Schwiegermutter ausgelassen, um dem Kind zu vermitteln, wie abstoßend und scheußlich so eine ‚Behinderung‘ auf sie wirkt. Wie oft war das Mädchen verzweifelt über die offene Ablehnung der Oma! ‚Was habe ich getan, dass mich die Oma überhaupt nicht mag? Bestimmt ist sie zu dir auch nur so böse, weil ich da bin?‘ Diese Frage habe ich fast täglich gestellt bekommen.“[36]

Oft werden Enkelkinder erst als Erwachsene mit den erlittenen Zurücksetzungen und Demütigungen fertig.

Auch Britta (25) hat an ihre Großeltern väterlicherseits keine guten Erinnerungen: „Meine Großeltern väterlicherseits lebten ca. 350 km von uns entfernt. Sie waren von Anfang an gegen die Ehe meiner Eltern. Und sie schämten sich für uns: Mein ältester Bruder ist behindert, ich bin zu dick und Linkshänderin, mein jüngerer Bruder ist auf einem Ohr schwerhörig.“

Da das Verhältnis zwischen den Eltern und den Großeltern sehr gespannt war, teilweise gab es jahrelang keinen Kontakt, sah Britta ihre Großeltern nur selten – eigentlich nur einmal im Jahr. „Mein Vater war ein Nachzügler, daher waren meine Großeltern relativ alt. Meine Cousine und meine Cousins sind zwischen 8 und 18 Jahren älter als ich. Aber meine Großeltern bevorzugten sowieso stets ihre einzige kinderlose Tochter – auch vor ihren Enkeln.“

Was Erwachsene sich rational erklären können, bleibt Kindern ein dunkles Geheimnis: „Warum haben Oma und Opa mich nicht lieb?“ Die früh erfahrene Ablehnung durch die Großeltern wird im komplexen Eltern-Ich gespeichert. Ebenso wie die negativen Empfindungen, die mit dieser Erfahrung verknüpft sind, im Kindheits-Ich aufbewahrt werden.

Wenn Sie ein Enkelkind einem anderen vorziehen

Es ist oft geschildert worden und es kommt leider immer wieder vor: Kinder und Enkelkinder haben sich am Weihnachtsabend um den Baum der Großeltern versammelt und vor allem die Kleinsten warten gespannt auf den Moment, da die Geschenke überreicht und ausgepackt werden dürfen. Und da passiert es dann, dass die beiden Kinder der Tochter, die den Traumschwiegersohn in die Familie gebracht hat, mit großen und teuren Geschenken bedacht werden, während die Kinder des Sohnes, der die ungeliebte Schwiegertochter angeschleppt hat, mit kleinen, lieblos verpackten und auffallend nach Sonderangebot riechenden Verlegenheitsgeschenken abgefunden werden.

Natürlich kommt das in Ihrer Familie nicht vor! Jedenfalls nicht in dieser krassen Form. Aber doch ein bisschen? Haben Sie einen Lieblingsenkel, der vielleicht einen Zwanziger für die Sparbüchse bekommt, während die anderen Enkel nur einen Zehner bekommen? Mit dem Sie sich intensiver beschäftigen, mit dem Sie öfter spazieren gehen, den Sie ernster nehmen als die anderen?

Machen Sie sich nichts vor! Eltern erliegen seit biblischen Zeiten der Versuchung, eines ihrer Kinder zu bevorzugen – die Geschichte von Joseph und seinen Brüdern legt davon Zeugnis ab.

Vor allem Mütter haben ihren Liebling. Oft ist es das Nesthäkchen. Dieses Kind wird von allen verwöhnt. Die Eltern wissen, dass sie zum letzten Mal hautnah die Entwicklung eines Kindes miterleben und glauben, dass sie bei diesem Kind

alle Erziehungsfehler, die sie bei den älteren gemacht haben, vermeiden können. Aber gerade diese Überzeugung enthält meist die Wurzel zu einem neuen schweren Fehler: die Bevorzugung dieses Kindes vor den anderen.

Väter, heißt es, bevorzugen ihren erstgeborenen Sohn, in dem sie nach überliefertem Rollenklischee den Stammhalter sehen, oder auch die älteste Tochter, die sie eifersüchtig behüten wie den Nibelungenschatz.

Auch Großeltern sind dagegen nicht gefeit. Wenn Sie nur ein Enkelkind haben, gibt es in diesem Punkt keine Probleme. Das kann sich aber schon ab dem zweiten Enkelkind ändern. Noch schwieriger wird es, wenn eines Ihrer eigenen Kinder Ihr Lieblingskind ist, und dieses nun Mutter beziehungsweise Vater wird. Dann ist die Gefahr groß, dass Sie auch das Enkelkind zu Ihrem Liebling machen.

Manchmal, kaum spürbar und oft unbewusst, steht ein Enkel höher in der Gunst als der andere. Es muss nicht betont werden, dass nicht nur der benachteiligte, sondern auch der begünstigte Enkel durch diese Bevorzugung Schaden nimmt. Großeltern sollten ihre Liebe, ihre Aufmerksamkeit, ihre Geschenke, kurz all ihre Wärme und Zuwendung, gleichmäßig auf alle Enkel verteilen.

„Meine Großmutter mütterlicherseits ist jetzt 78 Jahre alt", erzählt Britta. „Meine

Mutter ist das einzige Kind, insofern sind wir ihre einzigen Enkel. Der Lieblingsenkel meiner Großmutter ist mein behinderter Bruder. Alle anderen Kinder waren (zumindest anfangs) ihrer Meinung nach nicht nötig. Sie hält ein Kind für ideal. Was Geschenke betrifft, so haben meine Großeltern immer versucht, gerecht bei der Verteilung zu sein. Allerdings feiert meine Großmutter seit dem Tod meines Großvaters meinen Geburtstag nicht mehr, was mich besonders an meinem achtzehnten Geburtstag sehr gekränkt hat."

Das Bemühen um Gleichbehandlung aller Enkelkinder schließt natürlich nicht aus, dass sich Zuwendung und Hilfe in bestimmten Situationen verstärkt auf einen Enkel konzentrieren, zum Beispiel, wenn es diesem Enkelkind besonders schlecht geht.

Der kleine Martin kam mit einem schweren Herzfehler auf die Welt und musste bereits im Säuglingsalter zweimal operiert werden. Natürlich war er nicht nur das Sorgenkind der Eltern, sondern auch der Großeltern Bert und Karin. Aber gerade in dieser Situation bewährte sich die Lebenserfahrung der Großeltern. Die anderthalb Jahre ältere Enkeltochter Märthe wurde von Anfang an – so weit das bei kleinen Kindern geht – mit der Erkrankung des Brüderchens vertraut gemacht. Und in dem Maß, in dem die Aufmerksamkeit der Eltern durch die Probleme mit dem kleinen Martin absorbiert wurde, versuchten die Großeltern durch besondere Zuwendung für Märthe das Gleichgewicht wiederherzustellen.

Auch Hans-Joachim und Elisabeth erinnern sich an das Problem, alle Enkel gleich zu behandeln: „Wir hatten ja ein Enkelkind bis zu seinem vierten Lebensjahr bei uns. Lisa, die jetzt zehn Jahre ist, wuchs bei uns auf. Wir spüren noch heute eine große Zuneigung – von uns zu ihr und auch umgekehrt. Aber wir müssen als Großeltern immer darauf bedacht sein, dass wir nicht in die Versuchung kommen, unsere Lisa gegenüber unseren anderen Enkeln zu bevorzugen."

Wenn Sie die Probleme Ihrer Enkel nicht ernst nehmen

„Schlaf jetzt endlich!", „Dafür bist du noch zu klein!", „Das verstehst du noch nicht!" – Gäbe es eine Hitliste der Sätze, mit denen die Älteren am häufigsten die Fragen der Jüngsten abschmettern, diese Sätze hätten eine reelle Chance, die drei vordersten Plätze dauerhaft zu besetzen. Amy Bjork und Thomas A. Harris fügen dieser Liste weitere Dauerbrenner hinzu:

„Du bist zu jung, um solche Fragen zu stellen." – „Geh mir nicht auf die Nerven." – „Kümmere dich nicht darum, warum es regnet. Zieh dir lieber deine Gummistiefel an."[37]

Sätze dieser Art hören die lieben Kleinen oft genug von ihren Eltern. Nach und nach lernen die Kinder jedoch, dass sie ihren Eltern zu bestimmten Zeiten mit bestimmten Fragen besser nicht kommen sollten. Irgendwann begreifen sie, dass die nicht immer angenehmen Umstände des Erwerbslebens die Seele ihrer Eltern in einem Maß belasten können, dass sie keine weitere Zuladung – etwa mit den Schulproblemen der Kinder – mehr aushalten kann.

Eben darum kommen die Enkel wahrscheinlich zu den Großeltern. Und eben darum müssen die Großeltern besonders aufmerksam zuhören, damit sie die mitunter sehr leise vorgebrachten Andeutungen sehr großer Probleme nicht überhören.

Konstantin hatte ein Problem, dass seiner Großmutter Regina nichtig erschien. „Max hat mir sein Stickeralbum nicht gezeigt." Regina wusste zwar, dass ein Stickeralbum ein Heft ist, in das Kinder bunte Aufkleber zu kleben pflegen, wie man es zu ihrer Zeit mit Stammbuch-Blümchen tat. Doch sie wusste nicht, dass Max Konstantins bester Freund war. Regina versuchte, den offensichtlich harmlosen Vorgang mit einer tröstenden Bemerkung beiseite zu wischen, denn es war Schlafenszeit. „Ist ja nicht so schlimm. Vielleicht zeigt er 's dir morgen."

Der Effekt war natürlich das Gegenteil von Trost. Regina hatte nicht begriffen, dass Konstantins größtes Problem war, dass er befürchtete, seine Freundschaft zu Max könnte zerbrochen sein. Er konnte sich das nicht erklären, denn er war sich keiner Schuld bewusst. Er konnte mit diesem unentschiedenen Zustand, mit der über ihm schwebenden Gefahr, überhaupt nicht umgehen. Die vage Vermutung, Max könnte ihm vielleicht morgen sein Stickeralbum zeigen, wühlte ihn nur noch mehr auf. Konstantin konnte lange nicht einschlafen, daran änderten die drängenden Ermahnungen, es sei nun genug und es sei schon spät und er solle nun endlich schlafen, natürlich überhaupt nichts.

Wecker im Kopf

Der amerikanische Architekt Richard Buckminster Fuller (1895–1983) hat einmal gesagt, dass jedes Kind mit einer Vielzahl von Weckern auf die Welt kommt, die jederzeit bereit sind, in seinem Kopf zu klingeln, wenn etwas ihre Aufmerksamkeit erregt, was sie dann auch regelmäßig tun, wenn nicht jemand kommt und sie abstellt.

Was Enkel in solchen Situation von ihren Großeltern erwarten, grenzt manchmal schon an Wunder. Wollten sie allem gerecht werden, müssten sie das Gras wachsen hören. Aber wer sonst sollte das Gras wachsen hören, wenn nicht die Großeltern?

Enkelkinder haben ein unbedingtes Anrecht darauf, von ihren Großeltern ernst genommen zu werden. Auch wenn ihre Probleme aus der Sicht der Großeltern winzig sind, für die Enkel können sie riesig sein.

Sie sind der clevere Großvater, der für alles eine Lösung hat. Sie sind die kluge Großmutter, die mehr weiß und mehr kann als alle Mütter aller Freundinnen zusammengenommen. Haben Sie daran gedacht, dass gerade dies der Grund dafür ist, dass Ihr Enkel mit dem Problem ausgerechnet zu Ihnen kommt? Ihr Enkelkind wünscht auf die Höhe Ihrer Lebenserfahrung gehoben zu werden. Es möchte aus Ihrer Perspektive erkennen lernen, dass sein Problem vielleicht doch nicht so riesig ist, wie es aus seiner Perspektive erscheint.

Geben Sie ihm die Chance.

Es ist zwar grundsätzlich zu empfehlen, zu den Kindern klar und ohne Umschweife zu sprechen, das bedeutet aber nicht, dass die Kinder selbst immer ohne Umschweife sprechen. Im Gegenteil. Sie leiten die (für sie) kompliziertesten Probleme oft mit ganz harmlos anmutenden Wendungen ein. Aber genau hinter dieser Harmlosigkeit kann ein Problem stecken, das das Kind nicht ohne Hilfe lösen kann.

Deshalb sollten Sie Ihr Enkelkind stets ernst nehmen.

Wenn Sie Ihre Enkel gegen die Eltern aufbringen

„Freust du dich, dass du wieder bei Oma und Opa bist? Da kriegst du wenigstens mal was Anständiges zu essen!"

Wie viel Geringschätzung der Eltern liegt in dieser Begrüßung?

Ohne Zweifel kann es noch schlimmer kommen. Es sind Fälle bekannt, die belegen, dass Großeltern ihre eigenen Kinder und Schwiegerkinder beim Jugendamt denunzieren oder beim Arbeitgeber anschwärzen. Solche schweren interfamiliären Differenzen hinterlassen tiefe Spuren in der Seele eines Kindes. Aber auch die harmloseren versteckten Bosheiten werden von Kindern wahrgenommen. Und es liegt ja auch oft in der Absicht der Großeltern, den Enkelkindern die Botschaft zu vermitteln: „Eure Eltern sind nicht gut genug, wir könnten das alles viel besser, aber eure Eltern hören ja nicht auf uns."

Es ist nichts dagegen einzuwenden, wenn Omas Napfkuchen nach altem Rezept besser schmeckt, als alles, was die Mama bisher gebacken hat; und es ist auch nichts dagegen einzuwenden, wenn das Enkelkind sein Entzücken darüber äußert. Und die Oma darf zurecht stolz darauf sein, wenn der Opa handwerklich geschickter ist als der Papa, weil er eben Klempner von Beruf ist, während der Vater ein Büromensch ist und immer nur vor dem Computer hockt. Diesen Stolz kann die Großmutter ihre Enkel auch spüren lassen.

Sonja T. (38) aber erinnert sich, dass Besuche bei den Schwiegereltern für sie zur Tortur wurden.

„Nach der Geburt von Sarah habe ich drei Jahre pausiert und dann wieder zu arbeiten angefangen", erzählt die Verlagslektorin. „Als Maxim unterwegs war, habe ich mit dem Verlag eine Vereinbarung über einen Telearbeitsplatz getroffen. Ich konnte die meiste Zeit zu Hause arbeiten, musste nur zweimal in der Woche halbtags in den Verlag. Meine Zeit habe ich mir so gut es ging nach den Bedürfnissen der Kinder eingeteilt. Naturgemäß habe ich also viel nachts und auch an den Wochenenden gearbeitet, wenn Ulrich zu Hause war und sich mit den Kindern beschäftigen konnte. Nur: Für die Schwiegereltern war ich einfach eine schlechte Mutter. Meine Schwiegermutter war der Meinung, eine Mutter müsse immer für ihre Kinder da sein. Sie wäre auch immer für Ulrich da gewesen – tolles Argument. Denn Ulrich hat mir erzählt, wie ihn die Allgegenwart seiner Mutter, die alles kontrollierte, alles richtete und alles beherrschte, angestunken hat. Ich müsse doch nicht arbeiten, Ulrich verdiene doch genug. Was nicht stimmte, aber wenn das Geld nicht reichte, konnte das nur an mir liegen, weil ich nicht haushalten konnte.

Zweimal in zwei Jahren habe ich mir erlaubt, etwas Arbeit mit zum Schwiegerelternbesuch zu nehmen. Das heißt: Manuskripte, die dringend gelesen werden mussten. Ich kam buchstäblich keine Minute zur Ruhe. Ob ich nicht mal mit anfassen könne, ich könne mich schließlich auch mal in der Küche nützlich machen, was das überhaupt für eine Arbeit sei. Und alles vor Sarah; Maxim hat das ja noch nicht so mitbekommen. Aber Sarah merkte genau, was da abging, und wie sie mich anschaute, als meine Schwiegermutter mich fragte: ‚Macht sie euch denn wenigstens ein Mittagessen oder liest sie zu Hause auch nur?'"

Das Kindeswohl ist in solchen Fällen offensichtlich nur vorgeschoben. Denn eigentlich geht es darum, die unbewältigten Konflikte mit den eigenen Kindern nun mit den Schwiegerkindern „in Stellvertretung" nochmals auszufechten. Letztlich jedoch auf dem Rücken der Enkel.

Wenn Sie die Schwiegergroßeltern schlecht machen

Wenn alles schön nach der Ordnung geht, hat jedes Enkelkind zwei Großelternpaare: die Eltern der Mutter und die Eltern des Vaters. Es ist jedoch nicht immer alles in dieser einfachen Ordnung, und das macht die Sache natürlich nicht leichter.

Kindern wird erst relativ spät klar, dass Mamas Eltern und Papas Eltern gar nicht miteinander verwandt sind. Und im Grunde interessiert es sie eigentlich auch gar nicht. Für ein Kind sind Oma und Opa von Papas Seite und Oma und Opa von Mamas Seite prinzipiell erst einmal gleichrangig.

Gestört wird diese Harmonie erst, wenn zwischen den Großeltern sinnlose Rangkämpfe entstehen. Leider werden die Enkelkinder nur allzu oft als Soldaten in diesen Rangkämpfen und Familienkriegen verheizt, und das auch noch unter dem Vorwand, man wolle doch schließlich nur das Beste für sie, die Enkelkinder.

Eine Mutter aus Norddeutschland berichtet, dass sie erst nach vielen Jahren dahinter gekommen ist, was ihre eigene Mutter hinter ihrem Rücken angerichtet hat.

„Mutti hat sich bei den beiden Jungs immer erkundigt, wie es denn bei der anderen Oma schmeckt, ob der andere Opa denn auch immer schön aufpasst, wenn er mit den Jungs angeln geht. Sie fragte die Kinder, worüber die anderen Großeltern sich so unterhalten und wollte vor allem wissen, wie sie über sie, meine Mutter, denken. Das ging schließlich so weit, dass Mutti die Geschenke, die meine Jungs von den anderen Großeltern bekamen, madig machte, indem sie Preis und Qualität mit ihren Geschenken verglich. Und schließlich kreidete sie der anderen Oma sogar Rechtschreibfehler an, die sie auf den Glückwunschkarten zum Geburtstag der Jungs entdeckte."

Wenn Sie das Wohl Ihrer Enkel ehrlichen Herzens im Auge haben, dann sorgen Sie dafür, dass Ihnen auch aus Versehen kein Schnitzer unterläuft, mit dem Sie die Schwiegergroßeltern vor den Enkeln schlecht machen. Vermeiden Sie alles, was Ihre Enkel unter Druck setzen könnte, zum Beispiel die Forderung, Handlungen und Unterlassungen der Schwiegergroßeltern zu beurteilen. Sollten Ihre Kinder hingegen bei ihren Schwiegergroßeltern Anzeichen für ein Verhalten entdecken, das Sie vor Ihren Enkeln schlecht macht, besprechen Sie das möglichst gleich und möglichst offen miteinander oder mit Ihren Kindern; aber nicht mit Ihren Enkeln.

Wenn Sie die Geduld verlieren

Der Umgang mit den Enkeln ist sehr oft eine Geduldsprobe. Enkelkinder sind eben nicht immer nur lieb, bezaubernd und engelsgleich. Und wer wollte sich im Ernst stets liebe, bezaubernde und engelsgleiche Kinder wünschen?

„Ich gebe ja zu, dass ich manchmal viel zu schnell die Geduld verliere", sagt Silvia. „Ich bin leider nicht der Typ, der mit Bauklötzen spielt. Ich konnte das schon als Mutter nicht. Kinderspiele sind Kinderspiele. Ich konnte mich nie verstellen und so tun, als hätte ich Spaß daran, mit Bauklötzen zu spielen oder Murmeln durch die Gegend zu schieben."

Großväter scheinen in dieser Hinsicht manchmal geduldiger zu sein. Es ist, als kehrte sich das Verhältnis, das einst im Elternhaus geherrscht hat, im Großelternhaus um. Während die Mutter damals wie selbstverständlich für die Kinder zuständig war, beanspruchten Beruf und Ehrenämter den Vater oft so sehr, dass er nur selten zu Hause war. Deshalb konnte er die vielen kleinen Probleme seiner Kinder gar nicht bemerken. Als Großväter sind diese Väter entschlossen, die Zeit, die sie nun haben, in großem Umfang den Enkeln zu widmen, und das ist viel mehr Zeit, als sie für ihre Kinder übrig hatten.

Marlies erinnert sich an ihre Großmutter: „Mit mir war sie sehr, sehr geduldig. Ich war aber auch nicht allzu ungeschickt. Trotzdem. Ich hatte manchmal das Gefühl, sie wollte an mir mit besonderer Geduld wieder gutmachen, was sie mit ihrer Ungeduld bei meiner Mutter versäumt hatte."

Ob beim Spielen oder beim Lernen, beim Basteln oder beim Spazierengehen – haben Sie Geduld. Auch wenn der Baststern beim zwanzigsten Mal immer noch nicht gelingt und auch wenn sich das Herzensenkelchen zum fünfzigsten Mal nach einer Taube bückt, die natürlich wegfliegt („Mein Gott, wann schnallst du's denn endlich?"). Nur mit Geduld und Ausdauer kann das Kind sich allmählich sein o.-k.-Gefühl erwerben. Diese Ausdauer und Geduld müssen Sie mit ihm gemeinsam aufbringen.

Das Großelternhaus

Die Großmutter in Susanna Tamaros Roman „Geh, wohin dein Herz dich trägt" schreibt an ihre Enkelin:

„Schau, ich musste plötzlich in fortgeschrittenem Alter Mutterstelle an dir vertreten, in einem Alter, in dem man für gewöhnlich nur Großelternpflichten hat. Das hatte viele Vorteile. Vorteile für dich, weil eine Großmutter als Mutter immer aufmerksamer und gütiger ist als eine Mutter als Mutter, und Vorteile für mich, weil ich mit Gewalt wieder in den Strom des Lebens hineingerissen wurde, anstatt wie meine Altersgenossinnen zwischen einer Partie Canasta und einer Nachmittagsvorstellung im Theater zu verblöden."[38]

Der Großelterntag

Die Enkel kommen. Vielleicht kommen sie zum ersten Mal, um einen ganzen Tag mit den Großeltern zu verbringen: den Großelterntag.

Sie sind aufgeregt: Haben wir an alles gedacht? Kann auch nichts schief gehen? Hoffentlich stößt dem Enkelkind nicht ausgerechnet bei uns etwas zu! Wie ein Albtraum verfolgt Sie ein Schreckensszenario: Sie sind mit Ihrem Enkelkind allein zu Hause. Die Kleine vergnügt sich im Wohnzimmer mit den Spielsachen, die Sie eigens für diesen Anlass besorgt haben. Sie stehen in der Küche und bereiten das Mittagessen vor; das Kind hat sich Spaghetti gewünscht, weil es die so gern isst. Das Wasser kocht schon. Plötzlich klingelt das Telefon. Sie gehen zum Apparat, der im Flur steht. Eine Freundin ruft an, um Sie zu fragen, ob Sie während Ihres bevorstehenden Urlaubs wieder die Blumen gießen soll. Sie bemerken nicht, dass sich das Kind hinter Ihrem Rücken aus dem Wohnzimmer in die Küche begeben hat. Und ehe Sie Ihrer Freundin auf die Frage nach den Blumen etwas antworten können, hören Sie ein Poltern und Zischen aus der Küche – und unmittelbar darauf die panischen Schreie Ihres Enkelkindes ...

Kinder sind Entdeckungsreisende in der Welt der Erwachsenen. Mit jeder Altersstufe erreicht ihr Drang, die sie umgebende Welt zu erfassen – im übertragenen wie im wörtlichen Sinn –, eine neue Qualität. Der Nachteil für uns Erwachsene ist, dass Kinder meistens spontan entscheiden und handeln und uns zum Beispiel nicht sagen: Heute nehme ich mir mal die Küche vor. Wir können also nie vorher wissen, was heute dran ist, wenn unsere lieben Kleinen auf Entdeckungsreise gehen. Das heißt, wir müssen mit allem rechnen. Auch mit dem Schlimmsten!

Die Eltern sind in dieser Hinsicht in einer etwas besseren Position als die Großeltern, denn das Kind lebt in der Regel ständig im Haushalt der Eltern. Es hat die abenteuerlichen Streifzüge unter der Aufsicht der Mutter und des Vaters bereits hinter sich gebracht, es hat sich die ersten Beulen schon geholt und dabei bemerkt, dass es gewachsen ist und nicht mehr aufrecht stehend unter dem Tisch hindurchspazieren kann. Es hat durch die Belobigung „Fein" erfahren, wo es sich aufhalten, spielen und seiner Entdeckerfreude nachgeben darf. Und es hat durch die Rüge „Nein, nein" mitbekommen, wo es sich nicht aufhalten darf, wovon es die Finger lassen soll und was es nichts angeht. Natürlich sind Kinder in einem bestimmten Alter nicht so berechenbar, dass man davon ausgehen könnte, dass sie sich an diese antrainierten Verhaltensweisen jederzeit erinnern.

Im Gegenteil: Wenn die elterliche Kontrolle einmal aussetzt, ziehen sie gerade an der Tischdecke, von der sie die Finger lassen sollen. Das führt prompt dazu, dass ihnen die teure Kristallvase auf den Kopf fällt, was sowohl der Vase als auch dem Kopf weniger gut tut. Und wenn die Eltern sie einmal in der Küche allein lassen, ist es schon denkbar, dass sie genau nach den Dingen greifen, die ihnen verboten worden sind. Nicht alle Kinder tun das, aber in jedem Kind schlummert die Lust es zu tun.

Eltern, die ihre Kinder genau beobachten, wissen natürlich, worauf die Kleinen besonders abfahren. Wissen, was sie nicht besonders interessiert und was sie sich nur wegen des elterlichen Verbots versagen. Großeltern wissen das in der Regel nicht. Hinzu kommt, dass den Enkeln der Haushalt der Großeltern viel weniger vertraut ist als die elterliche Wohnung. Was es hier alles zu entdecken gibt! Tendenziell ist ein Kind in der Wohnung der Großeltern also größeren Gefahren ausgesetzt als in der elterlichen Wohnung.

Kinder auf Entdeckungsreise

Der kindliche Entdeckungsdrang ist Ausdruck einer ganz natürlichen und gesunden Entwicklung des Kindes. Eltern und natürlich auch Großeltern wissen, dass für Kinder das Nachahmen, Anfassen, Ausprobieren und Auseinandernehmen die Voraussetzung dafür ist, dass sie Erfahrungen sammeln und in ihrer Entwicklung vorankommen.

Großeltern, die sich normalerweise nicht als die Erzieher ihrer Enkelkinder begreifen, neigen dazu, ihnen mehr Freiraum zuzugestehen, als es die Eltern tun. Schließlich wollen sie nicht immer an den Enkeln herumzerren, sie reglementieren, ihnen dieses oder jenes verbieten. Sie wollen ihnen vielmehr einen schönen Tag machen, an dem sie das erzieherische Reglement des Elternhauses einmal vergessen können.

Gerade aus diesem Grund muss vor allem Großeltern angeraten werden, den Kindern Grenzen zu setzen, die ihrem Alter gemäß sind, um sie vor Gefahren zu schützen, die sie selbst noch nicht erkennen können. Immerhin sollte die Tatsache nachdenklich stimmen, dass Unfälle die häufigste Todesursache von Kindern sind, die das erste Lebensjahr überschritten haben. Ein beträchtlicher Teil dieser Unfälle ereignet sich im Haushalt. Kleinkinder sind davon besonders betroffen.

Großeltern müssen nicht überängstlich sein. Das Abpolstern aller Ecken und Kanten mit mehreren Lagen Schaumgummi ist sicher keine geeignete Vorsichtsmaßnahme; ein Kind schafft es, auch auf einer völlig ebenen Fläche zu stolpern und sich auf einem weichen Teppich eine Beule zu holen. Andererseits ist es aber auch nicht gut, leichtfertig zu sein und die Dinge einfach auf sich zukommen zu lassen.

Beantworten Sie doch einmal für sich selbst die folgenden Fragen:

➤ Wie schnell kann ich reagieren?
➤ Wie leicht gerate ich in Panik?
➤ Was muss ich bei einem Unfall als Erstes tun?
➤ Bin ich körperlich fit genug, um meinem Enkelkind in einer Gefahrensituation helfen zu können?
➤ Bin ich auf einen Notfall eingerichtet?
➤ Wo kann ich Hilfe holen?

Manche Menschen tun in Gefahrensituationen instinktiv genau das Richtige. Viele Menschen aber geraten bei einem Unglücksfall in eine Panik, die sie vollkommen lähmt. Das gilt jedoch nicht nur für ältere Personen, denen man das immer nachsagt. Statt dem Verunglückten zu helfen, „legen sie sich dazu", wie man so schön sagt.

Mit einfachen Vorsichtsmaßnahmen können Sie dazu beitragen, dass die Entdeckungsreisen Ihres Enkelkindes sicher verlaufen, und Sie ersparen sich und Ihrem Enkel den Stress eines Haushaltsunfalls.

Im Folgenden finden Sie eine umfassende Auflistung von Gefahrenquellen, die in der Regel in jedem Haushalt zu finden sind und mithilfe entsprechender Vorsichtsmaßnahmen ausgeschaltet werden können.

Allgemeine Vorsichtsmaßnahmen

➤ *Gefährliche Stoffe*
Arzneimittel, Waschpulver, Spül- und Reinigungsmittel, alle anderen Haushaltschemikalien, aber auch Nahrungs- und Genussmittel, die für Kinder nicht geeignet sind wie Alkohol, Tabak, Kaffee, Tee oder Essig, sollten für Kinder unerreichbar und möglichst verschlossen aufbewahrt werden. Ferner sollten Streichhölzer, Feuerzeuge, Feueranzünder, brennbare Flüssigkeiten, wie zum Beispiel Petroleum, Benzin oder Spiritus, und Kerzen so gelagert werden, dass Kinder keinen Zugang haben. Das gilt natürlich auch für Waffen und Explosivstoffe jeder Art, auch Feuerwerkskörper und Scherzartikel, die von Erwachsenen als harmlos angesehen werden. Ist kein Sicherheitsverschluss an dem Artikel angebracht oder sind Sie sich nicht sicher, ob der Aufbewahrungsort für Ihre Enkelkinder tatsächlich unerreichbar ist, sollten Sie die Kleinen nicht unbeobachtet in die Nähe dieser Sachen lassen.

➤ *Kerzen*
Kerzenlicht ist zwar sehr stimmungsvoll, lassen Sie aber Ihre Enkelkinder niemals mit brennenden Kerzen in einem Raum allein.

➤ *Verpackungsmaterialien*
Plastiktüten, Verpackungsfolien und Ähnliches sind kein geeignetes Spielzeug für Kinder. Wenn die Kleinen sich zum Beispiel Plastiktüten über den Kopf ziehen oder sich in Verpackungsfolie einwickeln, besteht Erstickungsgefahr. Solche Materialien sollten daher für Kinder unzugänglich aufbewahrt und zum Spielen nur unter Aufsicht eines Erwachsenen verwendet werden.

➤ *Steckdosen*
Für diese tödliche Gefahrenquelle gibt es – buchstäblich für Pfennigbeträge – geeignete Kindersicherungen. Lassen Sie sich im Fachhandel oder in den Fachabteilungen großer Märkte beraten. Sichern Sie auch solche Steckdosen, die Sie selbst für unzugänglich halten. Kinder lösen das Problem, sich Zugang zu verschaffen, oft anders und vor allem schneller als Sie denken.

➤ *Stolperfallen*
Sorgen Sie dafür, dass es in Ihrer Wohnung keine Stolperfallen gibt. Hoch stehende Teppichkanten, rutschende Teppichläufer und Schwellen, die leicht zu übersehen sind, stellen besonders vor Glastüren eine erhöhte Unfallgefahr dar. Verkleben Sie Teppichkanten mit Teppichband und sichern Sie rutschende Läufer mithilfe rutschfester Unterlagen. Verdeckte

Schwellen sollten sichtbar gemacht werden oder ganz verschwinden.

➤ *Treppen, Türen, Fenster*

Wenn Sie eine Treppe im Haus haben, die für ein Kind zu großzügig gesichert ist, sollten Sie erwägen, diese durch zusätzliche Maßnahmen (Gitter, Netze) zu sichern. Halten Sie die Türen zur Kellertreppe, zum Dachboden und zum Balkon geschlossen. Balkontüren und niedrige Fenster sollten mit einer abschließbaren Verriegelung versehen sein.

➤ *Kanten*

Liegen viele scharfe Kanten an den Wegen, die Ihre Enkelkinder voraussichtlich häufig gehen werden, sollten Sie das Verletzungsrisiko verringern: durch eine kinderfreundlichere Anordnung der Möbel oder durch eine dezente Polsterung der Einrichtungsgegenstände, die nicht umgestellt werden können oder sollen.

➤ *Schlüssel*

Verschließen Sie Schränke und Räume, in denen Ihre Enkel nichts zu suchen haben, und ziehen Sie die Schlüssel ab. Entfernen Sie überhaupt alle Schlüssel von Türen, bei denen die Gefahr besteht, dass Ihre Enkel Sie oder sich selbst versehentlich einsperren könnten.

➤ *Elektrogeräte*

Wenn Sie ganz sicher gehen wollen, sollten Sie sich einen Fehlerstrom-Schutzschalter (FI-Schalter) einbauen lassen. Dieser unterbricht die Stromversorgung von Elektrogeräten blitzschnell, sobald lebensgefährliche Fehlerströme auftreten. Die häufigsten Ursachen für solche Fehlerströme sind meist unbemerkte Beschädigungen an Netzleitungen und Gehäusen sowie Nässe und Feuchtigkeit.

Kinderzubehör und Spielsachen

➤ *Geprüfte Sicherheit*

Achten Sie beim Kauf von Spielsachen und Kinderzubehör (Nachttopf, Kinderstuhl, Lauflernhilfe) stets auf anerkannte Prüfzeichen (zum Beispiel GS = Geprüfte Sicherheit).

➤ *Stifte*

Kaufen Sie nur altersgerechte Spielsachen mit ungiftigen Farben. Das gilt zum Beispiel für Buntstifte. Sie sehen zwar schöner aus, wenn sie selbst auch farbig sind, aber Kinder nehmen nun einmal Stifte in den Mund und kauen darauf herum, deshalb sollten die Stifte besser aus naturbelassenem Holz sein.

➤ *Kleinteile*

Bis etwa zu einem Alter von drei Jahren ertasten und begreifen Kinder viele Dinge nicht nur mit den Händen, sondern auch mit dem Mund. Kleine Gegenstände, auch Kleinteile von Spielsachen, können dabei leicht verschluckt werden. Manche Kinder stecken sich solche Gegenstände auch bevorzugt in die Nase oder in die Ohren. Die Bereitschaftsärzte der HNO-Kliniken können ein Lied davon singen. Halten Sie solche Gegenstände und Kleinteile von Spielen von Ihren Enkeln fern oder lassen Sie sie damit nicht unbeaufsichtigt. Meistens finden Sie auf den entsprechenden Spielzeugverpackungen auch einen Sicherheitshinweis.

Wohnzimmer

➤ *Zimmerpflanzen*
Giftige Zimmerpflanzen (zum Beispiel Alpenveilchen, Weihnachtsstern) gehören außer Reichweite von Kinderhand und -mund. Erkundigen Sie sich in einem Fachgeschäft, nach der Giftigkeit Ihrer Pflanzen, wenn Sie sich nicht sicher sind.

➤ *Inventar*
Ist Ihr Enkelkind sehr impulsiv und temperamentvoll? Hat es im Haushalt der Eltern schon einiges angerichtet? Vielleicht ist es dann sinnvoll, den festen Stand aller Möbel, insbesondere der Regale zu überprüfen. Verankern Sie gegebenenfalls nicht sicher

stehende Regale an der Wand. Sichern Sie lose Stapel (zum Beispiel gestapelte Zeitungen, Zeitschriften, Bücher und Mappen), damit sie sich nicht verschieben und nicht herunterrutschen können. Vielleicht ist das eine gute Gelegenheit, endlich einmal Ordnung in Ihre Regale zu bringen – eine Sache, die Sie schon lange vorhatten, aber immer wieder aufgeschoben haben.

➤ *Stolperfallen*
Beseitigen Sie schlecht sichtbare Stolperfallen wie Verlängerungskabel, Antennenkabel oder Fußschalter.

➤ *Tischdecken*
Verzichten Sie auf Tischdecken, die das Kind dazu verführen könnten, die Decke und alles was sich darauf befindet, herunterzuziehen.

➤ *Wertvolle und zerbrechliche Gegenstände*
In Ihrem eigenen Interesse: Bringen Sie kostbare und zerbrechliche Gegenstände während der Zeit, in der Ihre Enkel zu Besuch sind, vorsichtshalber in Sicherheit.

Küche

➤ *Geschirr und Herd*
Sichern Sie Geschirr, Töpfe und Pfannen vor dem Zugriff von Kinderhänden. Insbesondere beim Kochen

dürfen Griffe und Henkel des Kochgeschirrs nicht über den Herdrand hinausragen und das Kind dazu verführen, danach zu greifen. Sichern Sie den Herd gegebenenfalls durch ein Schutzgitter.

➤ *Elektrogeräte*
Waschmaschine, Geschirrspüler, Mikrowelle, Toaster, Brotschneidemaschine, Dosenöffner und Ähnliches nehmen Sie bitte grundsätzlich vom Netz, wenn Ihr Enkelkinder auch in die Küche darf und dort unbeaufsichtigt bleibt. Zum Teil gibt es serienmäßig eingebaute Kindersicherungen zum Beispiel für Herd und Spülmaschine. Elektroherde haben zudem eine eigene Sicherung und können so, wenn man sie nicht benutzt, problemlos vom Netz genommen werden. Mit speziellen Kabelhalterungen verhindern Sie, dass Ihr Enkelkind eventuell ein Elektrogerät am Kabel zu sich herunterzieht.

➤ *Gefährliche Gegenstände*
Scharfe, spitze und gefährliche Gegenstände, wie zum Beispiel Messer und Scheren, dürfen nicht herumliegen. Ungefährliche Gegenstände können in den leicht erreichbaren Schubladen gelagert werden; gefährliche Gegenstände und Werkzeuge sollten dagegen stets in verschlossenen Schränken oder auf dem höchsten Bord untergebracht werden. Auch

harmlos wirkende Schnüre und Drahtreste können für Kinder zur Gefahr werden.

Badezimmer

➤ *Wassertemperatur*
Wenn Sie über eine regelbare Anlage zur Warmwasserbereitung verfügen, stellen Sie die Temperatur so ein, dass sich Ihr Enkelkind nicht verbrühen kann.

➤ *Kosmetika, Parfüme und Rasierzeug*
Bringen Sie Kosmetika, Parfüme und Rasierwasser, in einem verschlossenen Schrank oder in unerreichbarer Höhe unter. Alles, was gut riecht, macht das Kind neugierig; aber runtergeschluckt, ist es ihm nicht unbedingt zuträglich. Selbstverständlich muss der Großvater auch sein Rasierzeug, insbesondere die Rasierklingen, sicher verschließen.

➤ *Schlüssel*
Lassen Sie keine Schlüssel in den Türen von Bad und Toilette stecken; schon oft haben sich kleine Kinder eingeschlossen und dann aus unerfindlichen Gründen die Tür nicht wieder öffnen können.

➤ *Elektrogeräte*
Alle Elektrogeräte, die im Bad benutzt werden wie Haartrockner, Rasierapparat, Heizlüfter oder Waschma-

schine, sollten vom Netz genommen und die Steckdosen entsprechend gesichert werden.

Garten

➤ *Gartengeräte*
Lassen Sie keine Gartengeräte herumliegen. Sie laden die Kinder geradezu zum Spielen ein und bergen eine erhebliche Verletzungsgefahr in sich. Das gilt insbesondere für Rechen, Sägen, Messer, Scheren und Heckenscheren.

➤ *Elektrogeräte*
Rasenmäher, Heckenscheren und ähnliche Elektrogeräte gehören in den Schuppen oder in den Keller, wenn Ihre Enkelkinder zu Besuch kommen. Denken Sie daran, auch die Außensteckdosen mit einer Kindersicherung zu versehen.

➤ *Wasserhähne*
Wenn Sie nicht wollen, dass Ihre Enkel Ihren Garten in ein Feuchtbiotop verwandeln, entfernen Sie besser das Handrad vom Auslassventil (man sagt auch einfach Wasserhahn dazu), an dem Ihr Gartenschlauch angeschlossen ist.

➤ *Chemikalien*
Alle Chemikalien, die Sie im Garten verwenden wie Dünger, Pflanzenschutzmittel oder Farben, gehören

unter sicheren Verschluss, wenn Ihre Enkel im Garten unbeschwert herumtoben wollen.

➤ *Giftige Pflanzen*
Wenn Sie in Ihren Blumenbeeten Pflanzen aufziehen, die Giftstoffe enthalten, sollten Sie diesen Teil des Gartens für Ihre Enkel sperren. Sollte das nicht möglich sein, dürfen Sie die Kinder nicht ohne Aufsicht im Garten spielen lassen. Vielleicht pflanzen Sie ja im kommenden Jahr harmlosere Gewächse.

Neben diesen Vorsichtsmaßnahmen sollten Sie Ihre Hausapotheke so ausstatten, dass Sie jederzeit erste Hilfe leisten können. Berücksichtigen Sie hierzu die folgenden Punkte:

➤ *Wie sieht Ihre Hausapotheke aus?*
Schnellverband und Pflaster sollten stets bei der Hand sein. Gegen Magenverstimmung helfen oft schon ein paar Tropfen auf Kräuterbasis. Medikamente, die Sie Ihren Enkelkindern verabreichen, sollten möglichst wenig Alkohol enthalten. Zu Risiken und Nebenwirkungen – Sie kennen den Spruch – lesen Sie die Packungsbeilage und fragen Sie Ihren Arzt oder Apotheker. Sie sollten außerdem stets einen Blick auf das Verfallsdatum werfen, bevor Sie ein Medikament verabreichen.

➤ *Nehmen Ihre Enkel regelmäßig Medikamente?*

Fragen Sie die Eltern, ob Ihre Enkel regelmäßig bestimmte Medikamente nehmen müssen oder ob gegen Medikamente oder Nahrungsmittel Allergien bestehen. Im schlimmsten Fall, der hoffentlich nie eintritt, müssen Sie den Notarzt darüber informieren können.

➤ *Wichtige Adressen und Telefonnummern*

Schreiben Sie sich die Adressen und Telefonnummern der Eltern (gegebenenfalls auch die Handynummer), des Kinderarztes, des Zahnarztes, der nächsten Apotheke, des notärztlichen Bereitschaftsdienstes, des nächsten Krankenhauses und des Taxirufs vorsorglich auf; am besten gleich in das vorbereitete Formular am Ende dieses Buches (siehe S. 152), damit Sie im Notfall nicht erst das Telefonbuch und etliche Zettelsammlungen durchsuchen müssen.

Wenn Sie Zweifel haben, ob Sie im Notfall alles richtig machen, können Sie sich für 15 DM das Buch „Erste Hilfe bei Kindernotfällen" (Bestelladresse siehe Anhang) kaufen, das der Arbeiter-Samariter-Bund herausgegeben hat. Außerdem kann Ihnen sicher auch Ihre Krankenkasse Informationsmaterial zukommen lassen.

Das Ersatzelternhaus

Wenn die Eltern nerven

Marlies (43) hatte zu ihrer Großmutter eine engere Beziehung als zu ihrer Mutter. Das Elternhaus hat sie als eng und unsauber erlebt. Die Atmosphäre war geprägt von Streit und Missstimmung. Die Eltern waren beide berufstätig, verdienten aber auch zusammen nicht so viel, als dass nicht das Thema Geld zu einem Dauerstreitthema geworden wäre. Die Mutter hatte ihren Haushalt nicht im Griff und wollte immer raus ins Grüne, während der Vater froh war, wenn er endlich zu Hause war und vor dem Fernseher einschlafen konnte. „Mit 16 begann meine Lehrzeit, mit 16 bin ich ausgezogen. Zu meiner Großmutter. Mit der hab ich in einer regelrechten WG gelebt. Meine Eltern waren froh, dass sie mehr Platz hatten, und ich war froh, dass ich nicht mehr bei meinen Eltern leben musste, wo immer dicke Luft herrschte. Und die ganze Familie war froh, dass sich jemand um Oma kümmerte, wenn's mit ihr mal bergab ginge, was dann ja auch so eintrat.

Aber die ersten Jahre mit Oma waren klasse. Ich hab viel von ihr gelernt – fast alles, was man zur praktischen Lebensführung braucht: Kochen, Backen, Nähen, Stricken, Bügeln, Tischler-, Klempner- und Elektroarbeiten. Na gut, wenn der TÜV unsere Elektroinstallationen Marke Eigenbau gesehen hätte, hätte er wahrscheinlich das ganze Stadtviertel absperren lassen. Dank meiner Oma kann ich heute IKEA-Möbel schneller zusammenbauen als die hauseigenen Monteure.

Was ich aber vor allem von Oma gelernt habe: Vertrauen in die eigenen Fähigkeiten zu haben. Von meinen Eltern war ich von klein auf mit den passenden Standardsätzen zu einer unterwürfigen Haltung erzogen worden: ,Fall nicht auf, eck nirgendwo an, widersprich nicht, halt dich da raus, das ist nichts für uns, wir sind einfache Leute, das können wir nicht, das wollen wir auch nicht, mach keinen Ärger, pass auf ...'

Bei Oma hatte ich nach ganz kurzer Zeit raus, wie man Butter aufs Brot bekommt und wie man dafür sorgt, dass sie drauf bleibt. Ich hatte das Gefühl, Oma machte es richtig Spaß, mir alles beizubringen, was sie konnte. Sie hat mehr als einmal durchblicken lassen, dass ich mich geschickter anstelle als ihre Tochter, also meine Mutter. Sie hat mir oft gestanden, dass sie, als Mutti klein war, oft die Geduld verloren hat und ihr die Handarbeit, wenn sie das Zwei-rechts-zwei-links nicht gleich begreifen konnte, weggenommen und sie lieber selbst zu Ende gebracht hat. Da ist mir dann auch aufge-

gangen, warum Mutti so werden musste, wie sie geworden ist. ,Widersprich nicht, halt dich da raus, das ist nichts für uns, das können wir nicht, das wollen wir auch nicht, die sind uns über, mach bloß keinen Ärger.'

Damals hab ich mir geschworen, mit meiner eigenen Tochter, sollte ich mal eine haben, sehr geduldig zu sein und ihr alles beizubringen, was ich kann. Jetzt habe ich zwar eine Tochter, aber ich fürchte, dass ich mehr vom Temperament meiner Großmutter geerbt habe, als mir lieb ist. Mit der Geduld habe ich nämlich so meine Probleme."

Wenn die Eltern zu jung sind

Eine andere Situation entsteht, wenn noch nicht erwachsene Kinder ihre Eltern zu Großeltern machen; in Fällen also, da die leibliche Mutter das Sorgerecht nicht ausüben kann, weil sie selbst noch nicht volljährig ist. Meist geht es in der Familie nicht ohne Vorhaltungen und Vorwürfe ab, wenn sich die minderjährige Mutter für das Kind entschieden hat. Es ist natürlich, nach streng rationalen Gesichtspunkten, für jedermann vollkommen einsichtig, dass Vorwürfe in keinem Fall weiterhelfen. Für jedermann, außer für die Betroffenen selbst. In der Regel sammeln sich im Verlauf der Schwangerschaft viele unausgesprochene Konflikte an, die nach der Geburt unweigerlich zur Explosion kommen. Jeder Ratschlag ist in einer solchen Situation leicht gegeben und schwer befolgt. Wenn sich die emotionalen Wogen dann wieder geglättet haben und der Verstand mitarbeitet, kommen die meisten Großeltern zu der Überzeugung, dass es das Beste für Mutter und Kind ist, wenn sie die Erziehung in die Hand nehmen und gewissermaßen noch einmal Eltern werden.

Zur gleichen Überzeugung gelangen Großeltern normalerweise auch, wenn ihre eigenen Kinder auf die schiefe Bahn geraten, wenn sie drogenabhängig oder straffällig geworden sind, wenn sie ihrer Elternverantwortung nicht gerecht werden und ihnen das Sorgerecht entzogen werden muss.

Der Psychologe Arnim Westermann stellte fest, dass die Großeltern in solchen Fällen die gleichen Rechte wie die leiblichen Eltern beanspruchen. In diesem Zusammenhang machte er auch darauf aufmerksam, dass es im Familienrecht keine automatisch greifenden Rechtsvorschriften gibt, „nach denen die Großeltern einen Anspruch auf Übertragung des Sorgerechts hätten, wenn dieses von den Eltern nicht wahrgenommen werden kann oder ihnen entzogen wurde. Umso mehr überrascht es, wenn Großeltern den Anspruch auf die Elternrolle erheben und darauf bestehen, dass das

Enkelkind bei ihnen lebt und von ihnen erzogen wird."[39]

In diesem Anspruch werden die Großeltern vielfach von Gerichten, Anwälten und Sozialarbeitern bestärkt, als bestünde eine, gewissermaßen naturrechtlich begründbare Großeltern-Enkel-Beziehung, die von gleicher Qualität und Stabilität ist wie die Eltern-Kind-Beziehung.

Dagegen gibt Arnim Westermann wiederum zu bedenken: „Man sieht nicht, dass – von Ausnahmen abgesehen – die Erziehungsunfähigkeit der Eltern beziehungsweise der Mutter oder des Vaters gerade in der Großeltern-Familie hergestellt wurde ..."[40]

Mit dem festen Willen, es beim „zweiten Versuch" besser zu machen, richten die Großeltern mitunter gleich wieder neuen Schaden an.

Wenn es mal nicht anders geht

Bettina, die Tochter von Hans-Joachim und Elisabeth, befand sich während und nach ihrer Schwangerschaft beruflich und privat in einer schwierigen Situation. Deshalb erklärten sich ihre Eltern bereit, das Enkelkind zeitweilig zu sich zu nehmen. So lange jedenfalls, bis sich die Verhältnisse bei Bettina wieder gefestigt haben würden und Lisa noch nicht in die Schule musste. Bettina, deren Beziehung gerade zerbrochen war, konnte sich ganz auf die berufliche und persönliche Neuorientierung besinnen, ohne dass Lisa bei wechselnden Tagesmüttern „abgestellt" werden musste. Lisa blieb dann vier Jahre bei den Großeltern, ging an deren Wohnort in den Kindergarten und war ein „ganz normales Großelternkind".

Auch Karin und Bernhard nahmen sich der Enkelin an; ihr 23-jähriger Sohn hatte sie mit der Nachricht überrascht, dass seine 18-jährige Freundin schwanger sei. „Markus mitten im Studium und Sandra im zweiten Jahr ihrer Ausbildung", erinnert sich Karin. „Das Kind sollte erst nicht kommen, aber wir haben ein paar lange Gespräche geführt – und dann kam es doch."

Marie wuchs zunächst bei den Großeltern auf. Karin kündigte ihren Job und wurde Großmutter-Mutter. „Da kamen dann die Altklugen", erzählt Bernhard, „die immer wissen, was für andere Leute das Richtige ist. Es sei doch viel besser, wenn Sandra zu Hause bei ihrem Kind bliebe und Karin weiter arbeiten ginge. Als gut verdienende Großmutter könne sie doch Mutter und Kind finanziell unterstützen." Dabei ging es gar nicht um die finanzielle Frage. „Das Problem war doch", ergänzt Karin, „dass wir uns überlegten, dass mein Arbeitsleben in

ein paar Jahren ohnehin zu Ende sein würde, Sandra aber stünde dann ohne Ausbildung da. Und wäre im schlimmsten Fall vielleicht ein lebenslanger Sozialfall geworden. Und was hätte es dann der kleinen Marie genutzt, wenn die Mama sie in den ersten Monaten mehr geschuschelt hätte?"

Die Verbindung zwischen Markus und Sandra hielt nicht. Sandra hat ihre Ausbildung abgeschlossen und ist allein erziehende Mutter geblieben. Markus hat sein Studium beendet, wurde Redakteur bei einer Wochenzeitschrift und lebt mit einem Freund zusammen. Karin und Bernhard bedauern, dass sie die kleine Marie jetzt nur noch selten sehen, zuletzt zur Feier der Schuleinführung; wo sie doch gerade jetzt viel mehr Zeit für Marie hätten.

Defizite der Großelternerziehung

Sozial- und Erziehungswissenschaftler bezweifeln, dass Großeltern uneingeschränkt erziehungsfähig sind. Vor allem sollte die Motivation bedacht werden, die Großeltern antreibt, noch einmal die Elternrolle zu übernehmen. Außerdem sollte man realistischerweise mit bestimmten Einschränkungen rechnen, die sich aufgrund des Alters ergeben.

Mit zunehmendem Alter nimmt einerseits die Flexibilität ab, andererseits stellen sich verstärkt starre, rigide Verhaltensweisen ein. Dieses Phänomen spielt meist keine Rolle, solange die älter werdenden Menschen in der Großelternfunktion gefragt sind; im Gegenteil werden diese Erscheinungen durch das Großeltern-Enkel-Verhältnis eher gemildert. Anders sieht es aus, wenn die Älteren nochmals in die Elternfunktion berufen werden, denn dann muss das Enkelkind nicht nur liebevoll begleitet, sondern auch streng erzogen werden.

Typische Züge der Großelternerziehung sind an den Enkelkindern in Gestalt starker motorischer Einengung bei gleichzeitiger kompensatorischer Verwöhnung zu erkennen. Das ist auch kein Wunder, denn alle Großeltern, werden zugeben müssen, dass sie hinsichtlich des kindlichen Expansionsdrangs, der Neugier und des unberechenbaren Temperaments ihres Enkelkindes eine mit dem Alter zunehmende Ängstlichkeit entwickeln.

> **Empfehlung**
>
> Auch wenn Sie sich nur für einen begrenzten Zeitraum aushilfsweise in der Elternfunktion zur Verfügung stellen wollen: Prüfen Sie bitte nüchtern und selbstkritisch, ob Sie sich damit nicht überfordern.

Am liebsten ist es den Großeltern, wenn der Tag nach mehr oder weniger festgelegten Regeln verläuft, deren Einhaltung belohnt und deren Verletzung geahndet wird. Nachlassende Sicherheit und Flexibilität können dazu führen, dass die Angst der Großeltern auf das Enkelkind übertragen und so die Entwicklung seiner Selbstständigkeit gehemmt wird.

Großmutter Gerlinde hatte sich, als Marlies einen neuen Job antrat und Marcella zur gleichen Zeit in die Schule kam, spontan bereit erklärt, das Kind zu hüten. Nach reiflicher Überlegung zog sie ihren Entschluss jedoch wieder zurück – alle Faktoren betrachtet, war die Ganztagsbetreuung einer Privatschule die bessere Lösung. So blieb das Großmutter-Enkelin-Verhältnis von Alltagsquerelen unbelastet und das Verhältnis von Marlies und Schwiegermutter von möglichen Spannungen hinsichtlich des Erziehungsauftrags frei.

Ferien, Spiele, Beschäftigung

Wenn die Enkelkinder bei den Großeltern einfallen, stellt sich meist bereits nach kurzer Zeit die Frage: Was sollen wir jetzt mit ihnen anfangen? Enkelkinder können ihre Großeltern im Spiel bis an die Grenze der physischen Belastbarkeit treiben. Eine Zeit lang macht das Spielen Spaß, aber letztlich wird der Altersunterschied doch deutlich.

Wenn die Enkel vom Spiel erschöpft sind, registrieren die Großeltern auf der einen Seite vielleicht mit einer gewissen Erleichterung, dass die Kinder den Wunsch äußern, nun eine bestimmte Fernsehsendung zu sehen. Auf der anderen Seite fangen die Warnlampen an zu blinken: Haben Sie nicht Ihren Kindern immer vorgehalten, dass Fernsehen schädlich ist? Sollen Sie nun Ihren Enkeln gestatten, was Sie Ihren Kindern so oft versagt haben?

Wie viel Fernsehen soll man dulden?

Die Fragen, ob das Fernsehen Kinder in einem gewissen Alter eher bildet oder eher verdummt und ob die Kinder vor dem Fernsehgerät nach und nach vereinsamen oder ob die Sendungen eher zur Sozialisation beitragen, wurden oft und kontrovers diskutiert. Am besten wird es sein, wenn Sie sich selbst anhand des Fernsehprogramms ein Bild über den Charakter der Sendungen machen und beobachten, wie Ihr Enkelkind auf den Inhalt der Sendungen reagiert. Kinderprogramme, sowohl der privaten als auch der öffentlich-rechtlichen Sende-

anstalten, bieten eine Vielzahl von Sendungen, die den unterschiedlichsten Bedürfnissen und Interessen der Kinder verschiedener Altersgruppen gerecht werden.

Zu Ihrer Orientierung und Meinungsbildung sollen die wichtigsten Argumente pro und contra Fernsehen für Kinder einander gegenübergestellt werden.

Für das Fernsehen spricht:

➤ *Fernsehen bildet*
Durch das Fernsehen entdecken Kinder fremde Welten und erweitern ihren Horizont weit über ihre real erlebte Umgebung hinaus. Fernsehen vermittelt Wissen und gibt eine Vielzahl von Informationen, an die ein Kind weder in der Schule oder im Elternhaus noch im näheren sozialen Umfeld gelangen könnte.

➤ *Fernsehen sozialisiert*
Früher waren es die Serien über den Grafen von Monte Christo und Robin Hood; heute sind es die Pokémons und morgen wird es wieder etwas anderes sein: Viele Fernsehsendungen dienen Kindern als Spielvorlage für eigene Inszenierungen. Stimmte die Legende von der Vereinsamung durch das Fernsehen, dann müsste man konsequenterweise Kindern das Lesen verbieten, denn wer ein Buch liest, vereinsamt noch viel mehr.

➤ *Fernsehen macht gesundheitsbewusst*
In vielen Kindersendungen werden die kleinen Zuschauer mit den Funktionen des Körpers, der einzelnen Organe und des gesamten Organismus vertraut gemacht. Verantwortungsvolle Redakteure sorgen in den Sendeanstalten dafür, dass bei den Kindern und jugendlichen Zuschauern das Bewusstsein für Bewegung und gesunde Ernährung wächst.

➤ *Fernsehen kann Angst nehmen*
In bestimmten Szenen und Bildsequenzen wird Kindern vorgeführt, wie Gefahren entstehen und wie man sie vermeiden kann. Es ist allemal besser, gefährliche Situationen am Bildschirm durchgespielt zu sehen, als sie in der Wirklichkeit erleben zu müssen.

➤ *Fernsehen fordert bewusste Ernährung*
Kinder sind neugierig. Kinder wollen kosten und probieren. Nicht alles, was beworben wird, ist gut und der Gesundheit zuträglich. Aber auch nicht alles ist schlecht und schädlich. Erfahrene „Fernsehkinder" lernen schnell – mit etwas Hilfe der Erwachsenen– zu differenzieren.

➤ *Fernsehen erzieht kritische Konsumenten*
Kinder überprüfen in der Praxis die Fernsehwerbung auf ihren Wahrheitsgehalt. Wenn man sie dabei unterstützt, begreifen sie sehr schnell, dass die Werbung übertreibt und oft mehr verspricht, als die Produkte halten können. Dieses kritische Bewusstsein wird aufgeweckte Kinder ihr ganzes Leben lang begleiten.

➤ *Fernsehen macht solidarisch*
Kinder begreifen sehr schnell, dass Fernsehbilder Abbilder einer Wirklichkeit sind, die ihnen glücklicherweise räumlich fern ist. Fernsehen bringt ihnen fremdes Leid nahe. Oft sind sie dann bereit, von ihrem eigenen Spielzeug etwas abzugeben, und lernen, sich auch in ihrem Nahbereich solidarisch zu verhalten.

➤ *Fernsehen macht aufmerksam*
Die Wirklichkeit jenseits des eigenen Erfahrungshorizonts hält so viele Überraschungen bereit, dass Kinder immer wieder angeregt werden, sich mit dieser Wirklichkeit auseinander zu setzen und sich neue Erfahrungen anzueignen.

Gegen das Fernsehen spricht:

➤ *Fernsehen macht dumm*
Fernsehen hält Kinder davon ab, im Spiel die Welt selbst zu entdecken, sie sinnlich zu erfahren und diese Erfahrungen in der Praxis zu erproben.

➤ *Fernsehen macht einsam*
Fernsehen hält Kinder davon ab, mit anderen zu spielen, sich zu streiten und zu versöhnen, Freundschaften zu

schließen und Erfahrungen auszutauschen – kurz: das Sozialverhalten zu trainieren.

➤ *Fernsehen macht krank*
Vom vielen Fernsehen können Kinder Haltungsschäden bekommen, weil sie meist in den absonderlichsten Positionen vor dem Gerät liegen. Manche Kinder werden nervös und appetitlos, andere reagieren mit Kopfschmerzen und Magenbeschwerden auf Filme und Beiträge, die ihr Fassungsvermögen und ihr intellektuelles Niveau übersteigen.

➤ *Fernsehen macht Angst*
Bestimmte Szenen oder Bildsequenzen, die Erwachsene ganz normal und unbedenklich finden, können Kindern Angst einflößen.

➤ *Fernsehen macht dick*
Die Fernsehwerbung verführt Kinder dazu, alles zu essen, was ihnen in den entsprechenden Werbespots vorgeführt wird. Dadurch naschen sie unkontrolliert und essen nebenbei ohne Hunger zu haben.

➤ *Fernsehen verführt zum Konsum*
Die Werbung, vor allem die Werbung, die private Sendeanstalten in Kindersendungen platzieren, suggeriert den Kindern, was sie unbedingt haben müssen, um bei ihresgleichen Anerkennung zu finden. Dadurch wird ein produktabhängiges Konsumentenverhalten anerzogen.

➤ *Fernsehen macht gleichgültig*
Da man im Fernsehen nur betrachten, aber nicht aktiv eingreifen kann, geben Kinder die Hoffnung auf, dass man gegen die Leiden und Schmerzen anderer etwas tun könne. Sie fühlen sich schließlich so hilflos, dass sie am Ende gleichgültig werden.

➤ *Fernsehen macht desinteressiert*
Filme sind spannender als das wirkliche Leben und in der Gameshow wartet auf den Teilnehmer der große Gewinn, den man im Leben nie erzielen kann. Die Wirklichkeit wird als langweilig empfunden.

Fernsehen gehört ganz selbstverständlich zu unserem Leben und zu unserem Alltag. Das Fernsehgerät befriedigt das Grundbedürfnis nach Information; es ist als Grundbedarf für die Lebensführung so anerkannt, dass es nicht gepfändet werden darf. Kinder grundsätzlich vom Fernsehen auszuschließen, würde bedeuten, sie zu Außenseitern zu machen. Dies soll kein Plädoyer für unkontrollierten Fernsehkonsum sein. Der Fernseher eignet sich als Medium der Information und Unterhaltung, nicht als Ersatz für fehlenden Lebenssinn oder für fehlende Orientierung.
Orientierung zu geben, ist vornehmlich Aufgabe der Erwachsenen. Wenn Ihr Enkelkind zu Ihnen Vertrauen hat, wird es sich auch mit Fragen an Sie wenden,

die aus bestimmten Fernsehsendungen resultieren. Wenn Sie hingegen Ihrem Enkelkind das Fernsehen vermiesen wollen, indem Sie etwa Sendungen und Identifikationsfiguren, an denen sein Herz besonders hängt, lächerlich machen, werden Sie nicht erreichen, dass es auch nur eine Minute weniger fernsieht, sondern nur sein Vertrauen verlieren.

Einer Erfahrung, die Eltern immer wieder machen, sollten sich auch Großeltern nicht verschließen. Kinder verstehen viel mehr, als die meisten Erwachsenen akzeptieren wollen. Kinder begreifen schnell, dass sie nicht in einer heilen, hermetisch abgeschlossenen Welt leben. Und sie haben weniger Probleme damit, wenn sie frühzeitig und bewusst darauf aufmerksam gemacht werden, dass die Welt nicht überall in Ordnung ist, als wenn sie lange in dem Glauben gelassen werden, es ginge in der Wirklichkeit zu wie im Märchen.

Wer Kindern immer wieder auf ihre Fragen antwortet „Das verstehst du noch nicht!" oder „Dafür bist noch zu klein!", verliert ihr Vertrauen. Wer ihnen also immer wieder das Gefühl gibt, nicht o. k. zu sein, ohne ihnen zugleich eine Stütze zu sein, an der sie sich aufrichten können, der darf sich nicht wundern, dass diese Kinder sich minderwertig fühlen. Sie erleben die eigene Schwäche als deprimierend und entwickeln schließlich Ängste, deren Ursprung dann sehr

leicht (zu leicht) im Fernsehprogramm ausgemacht wird.

Als Großvater oder Großmutter sollte es Sie stolz machen, dass Ihre Enkelkinder mit komplizierten Fragen, ja, auch mit Fragen, die Sie mitunter erschrecken, ausgerechnet zu Ihnen kommen. Das spricht schließlich für das große Vertrauen, das Ihre Enkel in Ihre Lebenserfahrung, in Ihr Wissen und in Ihre Fähigkeit, den richtigen Rat zu geben, setzen.

Drinnen oder draußen?

Sie haben sich wahrscheinlich schon manches Mal darüber geärgert, dass Sie als Großeltern nach einem Oma-Opa-Klischee beurteilt werden, das ganz und gar nicht mehr zeitgemäß ist. Auf der anderen Seite gibt es natürlich auch klischeehafte Vorstellungen, wie Kinder zu sein haben, denen Sie möglicherweise selbst aufsitzen. Gesunde Kinder haben im Freien zu spielen und sich auszutoben. „Du bist ein Blassschnabel, du musst mal an die frische Luft." Mit diesem Satz sind wahrscheinlich schon unzählige Kinder an die frische Luft befördert worden, ob sie es wollten oder nicht. Ein Stubenhocker war man, wenn man nicht jeden Tag raus wollte, wenn man andere Spiele mochte als die Kinder auf der Straße, wenn man las oder sich überhaupt nur im Zimmer zu beschäftigen wusste. Die Bezeichnung „Stubenhocker" war immer negativ belegt, sie gilt noch heute als Schimpfwort.

Kinder spielen gern im Freien, wenn sie nicht gerade im Zimmer etwas viel Wichtigeres zu tun haben. Das kann ein Gameboy-Spiel, eine Zeichnung, eine komplizierte Bastelarbeit oder der akribische Aufbau eines Lego-Objekts sein. Vergessen wir nicht: Die Verbesserung der Wohnbedingungen hat dazu geführt, dass die meisten Kinder heute, allein oder mit ihren Geschwistern zusammen, über ein Kinderzimmer verfügen. Man kann es ihnen doch nicht übel nehmen, wenn sie sich in ihrem Kinderzimmer wohl fühlen.

Großeltern, die nicht in der Nähe ihrer Enkelkinder leben, wissen: Wenn sie die Enkel besuchen, gibt es immer besonders viel zu erzählen und vorzuführen. Dies gilt natürlich umso mehr, je größer die räumliche Entfernung ist und je größer die Abstände zwischen den Besuchen sind. Wurden in der Zwischenzeit neue Computerspiele angeschafft, muss Papa noch am gleichen Abend den Computerarbeitsplatz räumen und Oma bekommt einen bequemen Stuhl neben den Monitor gestellt und muss eine ausführliche Erläuterung und Vorführung des neuesten Strategiespiels über sich ergehen lassen. Auch die 10-jährige Marcella kennt kein Erbarmen. Wenn

Großmutter Gerlinde zu Besuch kommt, ist sie – ungeachtet der 600 Kilometer Bahnfahrt – dran; auch wenn sie nach spätestens zehn Minuten auf ihrem bequemen Stuhl fest einschläft.

Enkelkinder nehmen es ihren Großeltern nicht übel, wenn sie angesichts der neuesten digitalen Wunder in einen sanften Schlummer sinken. Was sie aber wirklich übel nehmen, ist die grundsätzliche Ablehnung technischen und elektronischen Spielzeugs. Enkel haben Recht, wenn sie die Meinung vertreten, man dürfe einen Computer nicht allein deshalb ablehnen, weil man selbst in seiner Jugend noch keinen Computer gekannt hat.

Genauso verhält es sich mit Gameboys und anderen Spielekonsolen. Als Großeltern sollten Sie nicht versuchen Ihren Enkeln diese Sachen mit altmodisch wirkenden Argumenten auszureden. Stattdessen sollten Sie Verständnis zeigen, auch wenn es Überwindung kostet. Es spricht ja nichts dagegen, dass Sie Ihren Enkelkindern den einen oder anderen Vorschlag unterbreiten, der über das Drücken von Knöpfen auf dem Gameboy hinausgeht.

Wenn Sie das Gefühl haben, dass Ihr Enkelkind am Fernsehgerät, am Computer oder an der Spielekonsole einfach nur seine Zeit totschlägt, weil es nichts anderes mit sich anzufangen weiß, können Sie ihm am besten damit helfen, dass Sie ihm zu etwas mehr Souveränität über die

Medien verhelfen. Wenn Sie ihm beibringen können, dass nicht das Spiel bestimmen darf, wann der Spieler zu kommen oder zu gehen hat, sondern der Spieler bestimmt, wann das Spiel beginnt und wann es endet, haben Sie ihm mit Sicherheit mehr gegeben als durch ein Fernsehverbot oder durch die pauschale Abwertung elektronischer Spiele.

Und das Geld?

Es ist nicht unbedingt böser Wille oder Geiz, wenn die Eltern nicht daran denken: Kinder kosten Geld, auch wenn sie bei den Großeltern sind.

Verpflegung, Fahrtkosten, ein kleines Geschenk, das sich das Enkelkind aussuchen darf, ein Kinobesuch oder der Gang in den Zoo oder ins Museum, das Eis zwischendurch – lauter Kleinigkeiten, die sich schnell zu einem Tagessatz von 50 bis 60 DM summieren.

In einigen Fällen haben die Angehörigen der älteren Generation ihren Lebensstandard im Alter dauerhaft gesichert, der persönliche Konsum ist zurückgegangen und so bleibt immer noch etwas übrig, das den Enkeln zugewendet werden kann. Das ist erfreulich, aber leider nicht die Regel. Viel häufiger wird man feststellen müssen, dass die Großeltern nicht in Saus und Braus leben, sondern das Budget, das ihnen nach Abzug aller Fixkosten von der Rente bleibt, scharf kalkulieren müssen.

Wenn Sie meinen, dass die finanziellen Aufwendungen, die Ihnen durch eine regelmäßige Enkelbetreuung entstehen, zu hoch sind, ja zur Belastung werden, sollten Sie das unbedingt mit Ihren Kindern besprechen. Natürlich redet man in diesem Zusammenhang nicht allzu gern über Geld, aber besser ist es allemal, vorher die Bedingungen zu klären, als hinterher missgestimmt auseinander zu gehen.

Gerlinde, die Großmutter von Marcella, hat das mal anhand mehrerer durchschnittlicher Marcella-Tage durchgerechnet. Aus ihren Angaben habe ich eine kleine Checkliste (Seite 123 oben) zusammengestellt, die Sie benutzen können, um sich einen Überblick über die zusätzlichen Kosten zu verschaffen, die so ein Enkeltag mit sich bringt.

Möglicherweise muss die Checkliste für Ihre Bedürfnisse sogar noch erweitert werden. Finanzieren Sie Ihren Enkeln die Musikschule oder den Ballettunterricht, Computer-, Zeichen- oder Karatekurse? Kaufen Sie regelmäßig bestimmte Bekleidung, Schuhe oder Spielsachen, die Ihr Enkelkind nur bei Ihnen nutzt? Dann sollten Sie einmal diese Kosten addieren und auf die Großelterntage umlegen. Nicht in erster Linie, um Ihren Kindern eines Tages die Rechnung zu präsentieren, das wäre überhaupt die unange-

Zusatzkosten für die Betreuung eines Enkels		
	Großeltern	Enkel
Fahrten mit öffentlichen Verkehrsmitteln		
Geschenk		
Kindernahrung, Obst und Getränke		
Essen außer Haus/Imbiss		
Eintrittskarten		
Vergnügungen (z. B. Karussellfahrten)		
Süßigkeiten		
Bastelmaterial, Buntstifte u. Ä.		
Sonderausgaben (Kurse, Bekleidung)		
Summe (in DM oder Euro)		

Großmutter Gerlindes Marcella-Tag		
	Großeltern	Enkel
Fahrten mit öffentlichen Verkehrsmitteln	8,40	4,50
Geschenk (Hörspielkassette)		8,99
Kindernahrung, Obst und Getränke		8,05
Essen außer Haus/Imbiss	12,80	11,80
Eintrittskarten	10,00	5,00
Vergnügungen (Karussellfahrt)		2,00
Süßigkeiten (Überraschungsei)		0,99
Bastelmaterial, Buntstifte u. Ä.		2,19
Summe (in DM)	31,20	43,52

nehmste Art und Weise, familiäre Geld-
angelegenheiten zu klären, sondern um
selbst einen Überblick zu bekommen, wo
Ihr Geld geblieben ist.

Kopieren Sie sich doch einfach die
Blanko-Checkliste auf Seite 123 oben ein
paar Mal und führen Sie bei den nächsten Enkeltagen Buch. Vielleicht verstehen
Sie dann besser, warum Ihre Kinder hin
und wieder klagen, dass das Leben so
teuer sei und vor allem Kinder viel Geld
kosten.

Wie bei Großmutter Gerlinde die Kosten
für einen ganz normalen Enkeltag aussehen, können Sie der Tabelle auf Seite
123 unten entnehmen.

Sie werden sich anhand dieser Aufstel-
lung überzeugen, dass sich Großmutter
und Enkelin keineswegs besonderen
Ausschweifungen hingegeben haben.
Natürlich ist auch Überflüssiges dabei,
Sachen, von denen man ohne weiteres
sagen kann: Das muss nicht sein. Die
Karussellfahrt vor dem Einkaufszen-
trum hätte nicht sein müssen, das Überraschungsei hätte nicht sein müssen,
statt des Kindertellers im Kaufhaus-
restaurant hätte es auch ein belegtes
Brötchen auf der Straße getan und
Hörspielkassetten hat Marcella schließlich auch schon genug.

Das muss nicht sein! Will man im Ernst
so rechnen? Gerade der Großelterntag
lebt nicht davon, was sein muss. Was sein
muss, ist Alltag und Norm. Das Enkel-

kind hat davon zur Genüge erfahren. Von
den Großeltern erwartet es, dass darüber
hinaus noch einiges sein darf, was nicht
sein muss. Ein Überraschungsei, ein
Eisbecher mit Früchten, wenn Großmutter die Enkelin von der Klavierstunde
abholt, und die 104. Hörspielkassette,
denn von denen kann man als Kind in
einem bestimmten Alter bekanntlich nie
genug kriegen.

Vielleicht wundern Sie sich, dass in der
Checkliste auch Zusatzkosten für die
Großeltern selbst dargestellt sind. Aber
schließlich müssen Sie ja auch den Bus
bezahlen, wenn Sie Ihr Enkelkind aus
dem Kindergarten abholen oder zur
Klavierstunde bringen. Und schließlich
liefern Sie Ihr Enkelkind nicht nur im
Kino ab und laufen dann anderthalb
Stunden die Straße auf und ab, bis der
Film zu Ende ist, sondern Sie sehen sich
die Vorstellung mit Ihrem Enkel an. Was
Sie natürlich alles nicht täten, wenn nicht
Ihr Enkelkind mit Ihnen unterwegs
wäre.

Großmutter Gerlinde kam bei vier Enkeltagen im Monat auf Mehrausgaben
von rund 300 DM. Wenn Sie Ausgaben in
dieser Höhe ohne weiteres tragen können: gut so. Wenn nicht, sterben Sie bitte
nicht an Herzdrücken. Besprechen Sie
die finanzielle Situation mit Ihren Kindern. Das ist allemal besser, als Ihre
Enkel zu enttäuschen, weil Sie ihnen
selbst kleine Wünsche versagen müssen.

Grundsatzurteil des Bundesverwaltungsgerichts

Wenn Sie auf die Idee kommen sollten, das Jugendamt an Ihren Mehrkosten zu beteiligen, werden Sie eine Enttäuschung erleben, denn das Bundesverwaltungsgericht hat 1996 in einem Grundsatzurteil festgestellt: Betreuen Großeltern ein Enkelkind während der Arbeitszeit der Eltern unentgeltlich, was regelmäßig anzunehmen ist, so können sie dafür keine Gelder der öffentlichen Jugendhilfe für die Tagespflege beanspruchen. Selbst wenn die Großeltern nur gegen Entgelt zur Betreuung bereit sind, zahlt das Jugendamt nur dann, wenn sie nicht ohnehin für das Kind unterhaltspflichtig sind, zum Beispiel aufgrund der schlechten finanziellen Situation der Eltern. In diesem Fall gehört nämlich die Betreuung des Kindes zur Erfüllung der bestehenden gesetzlichen Unterhaltspflicht. Die Tatsache, dass die Großeltern nur gegen Entgelt zur Betreuung der Enkelkinder bereit sind, muss von den Eltern nachgewiesen werden. Die Feststellung allein, dass sie gern Geld vom Jugendamt hätten, genügt als Nachweis nicht.
(BVerwG 1996-09-12 Az 5 C 37/95)

Was Sie auf keinen Fall tun sollten: Ihren Kinder einfach die Rechnung präsentieren. Schon gar nicht für Sachen, die vielleicht die Eltern gar nicht akzeptieren würden. Wenn Sie also teuren Modeschnickschnack für das allerliebste Enkelkind kaufen oder einen Friseurtermin ausmachen, sollten Sie das auf eigene Rechnung tun.

Schon gar nicht gehört es sich, solche Aktionen mit dem Ziel durchzuführen, die Elternleistungen Ihrer Kinder zu missbilligen.

Renate P., Großmutter der 4-jährigen Mareike, legt als Hochschullehrerin sehr viel Wert auf ein präsentables Äußeres. Ihre Tochter Anne, angestellt bei einem Großhandelsunternehmen, nimmt das, zumindest in Bezug auf Tochter Mareike, viel gelassener. Die Missbilligung dessen, was Renate für Nachlässigkeit hielt, war ihr zwar anzumerken, wurde aber niemals ausgesprochen.

Renate tat, was man in der Transaktionsanalyse „Rabattmarken sammeln" nennt. Sie registrierte alle möglichen Punkte, die ihr an der Erziehungsleistung ihrer Tochter kritikwürdig erschienen, und staute damit ein Potenzial an negativen Gefühlen an, die sich auf besondere Weise Bahn brachen: Eines schönen Tages kam es, wie es kommen musste: Großmutter Renate kleidete ihr Enkelkind komplett neu ein, nicht im Kaufhaus, sondern in den etwas teureren Spezialgeschäften. Anschließend präsentierte sie die Rechnungen mit der Bemerkung: „Damit das Kind nicht immer so schlampig rumläuft! Aber ich möchte das nicht alles allein bezahlen."

Der Krach war riesig. Und er war völlig unnötig.

Wenn Sie es sich leisten können, betrachten Sie doch die finanziellen Mehraufwendungen, die Sie bei der Betreuung Ihrer Enkelkinder haben, als eine lohnende Investition in die Zukunft. Wenn Sie Ihren Enkeln Erlebnisse verschaffen, ihnen oft eine kleine und manchmal auch eine große Freude bereiten können, ist das viel wichtiger, als ihnen eines Tages einen größeren Geldbetrag zu hinterlassen.

Schon meine Großmutter soll, wie meine Mutter mir berichtete, gesagt haben: „Die warme Hand gibt lieber als die kalte."

Die Zukunft

Versichern und Vorsorgen

Viele Großeltern machen sich Sorgen. Vor allem darüber, dass sich die Eltern zu wenig Sorgen machen. Tobias, Vater der 10-jährigen Marcella, hat es von seiner Mutter oft genug gehört: „Ihr nehmt das alles viel zu leicht!"

Versicherungen

Viele Finanzdienstleister bieten so genannte Ausbildungsversicherungen an. In früheren Zeiten, an die sich besonders manche Großmutter vielleicht noch erinnern wird, wurden solche Verträge auch als Aussteuerversicherung, Heiratsversicherung oder Töchterversicherung angeboten. Unter einer Ausbildungsversicherung muss man sich eine kapitalbildende Lebensversicherung vorstellen, die im Grunde nichts anderes ist als ein Sparvertrag mit Versicherungsschutz. Die Großeltern schließen zum Beispiel einen Vertrag über eine bestimmte Summe für ihr Enkelkind ab. Die Summe zuzüglich der erwirtschafteten Überschussanteile wird dem Enkelkind zu

Beginn des Studiums, zur Hochzeit, aber spätestens bis zum 25. Lebensjahr ausgezahlt. Das Enkelkind darf bei Vertragsabschluss nicht älter als 12 Jahre sein. Stirbt es während der Vertragslaufzeit, werden die eingezahlten Beiträge zurückerstattet, stirbt der Beitragszahler – Großmutter oder Großvater – vor Vertragsende, wird die Versicherung beitragsfrei gestellt und läuft mit einer niedrigeren Ablaufleistung weiter.

Dabei hat der Versicherungsschutz eigentlich nur Alibifunktion. Er dient nach der gegenwärtigen Gesetzeslage dazu, die Erträge aus dem Sparvertrag steuerfrei zu machen. Nach einer Laufzeit von mindestens 12 Jahren und einer Beitragszahldauer von mindestens 5 Jahren wird die Versicherungssumme zuzüglich der Überschussbeteiligung steuerfrei an den Begünstigten ausbezahlt. Im gegebenen Fall ist das Enkelkind der Begünstigte. Es soll mit dieser Anschubfinanzierung zum Beispiel sein Studium mit ein paar finanziellen Sorgen weniger beginnen.

Wie hoch die Überschussbeteiligung sein wird, die eine Versicherungsgesellschaft erwirtschaftet und ausschüttet, kann niemand präzise vorhersagen. Auch die Gesellschaften selbst können nur Prognosen erstellen, die sie aus vergleichbaren Entwicklungen in der Vergangenheit ableiten. Der Gesetzgeber garantiert allerdings eine Mindestverzinsung, sodass der Versicherte im Erlebensfall mindestens mit der Versicherungssumme plus Mindestverzinsung rechnen kann.

Selbst wenn man eine hohe Steuerbelastung und den entsprechenden Steuervorteil durch die Lebensversicherung unterstellt, bleibt die Rendite am Ende mager. Ausbildungsversicherungen stehen deshalb bei unabhängigen Versicherungsexperten und Verbraucherschützern nicht gerade in hohem Ansehen. Nur wer sich für nicht diszipliniert genug hält, andere Sparformen regelmäßig zu bedienen, sollte sich einem Zwangssparen in Form einer Ausbildungsversicherung unterziehen.

Eine optimale Versicherung für Kinder stellt das Konzept der britischen Versicherungsgesellschaft „Standard Life" dar. „Go!", eine hervorragende Kinderversicherung, hat 1998 von der Zeitschrift „Capital" den Produkt-Innovationspreis bekommen. Sie ist ein spezieller Tipp für Eltern, Großeltern oder Paten, denn sie ist keine als Ausbildungsversicherung getarnte Lebensversicherung mit niedriger Rendite und mehr als eine traditionelle Unfallversicherung.

Diese Kinderversicherung schützt das Kind und einen mitversicherten Erwachsenen bei Unfall- und Krankheit für den Fall

– der Invalidität;
– der Erwerbsunfähigkeit;
– der Berufsunfähigkeit;
– und bei Tod des Beitragszahlers.

Darüber hinaus wird für einen kontinuierlichen und attraktiven Kapitalaufbau für die Ausbildung oder sonstige Anschaffungen gesorgt.

Bei Tod oder Berufsunfähigkeit des Beitragszahlers übernimmt der Versicherer die Beitragszahlung, die Versorgung, ist somit also gewährleistet. Beitragszahler muss aber nicht die mitversicherte erwachsene Person, zum Beispiel Mutter oder Vater, sondern kann auch ein Dritter, zum Beispiel der Großvater, sein. Was Großeltern aber am meisten beruhigen wird: Die Absicherung des Kindes gegen Invaliditätsrisiken ist wirklich exzellent. „Wenn das versicherte Kind bis zum Alter von 22 Jahren invalide, erwerbs- oder berufsunfähig werden sollte, zahlen wir eine garantierte Rente von entweder 1 500 DM (im Falle der Invalidität oder Erwerbsunfähigkeit) oder bis zu 2 000 DM (im Falle der Berufsunfähigkeit). Und das, solange die Unfähigkeit besteht, maximal bis zum 60. Lebensjahr. Darüber hinaus wird die Rentenzahlung jährlich mit garantiert 3 % dynamisiert."[41]

Die Beitragszahlungsdauer für „Go!" gilt bis zum 22. Lebensjahr des Kindes bezie-

hungsweise Enkelkindes. Danach bieten sich folgende Optionen:
1. Eine Rente wird ausgezahlt.
2. Das Kapital wird ausgezahlt.
3. Ein Teilbetrag wird ausgezahlt.
4. Das Leistungsdatum wird verschoben (maximal bis zu einem Alter von 75 Jahren).

Grundsätzlich kann bei allen vier Optionen außerdem zwischen dem 22. und 27. Lebensjahr des versicherten Kindes ein Anschlussvertrag mit Berufsunfähigkeits- und Todesfallschutz abgeschlossen werden, bei dem die Versicherung auf eine medizinische Gesundheitsprüfung verzichtet.

Der entscheidende Vorteil gegenüber allen anderen Kinderversicherungen besteht darin, dass bei „Go!" das Invaliditätsrisiko vernünftig abgesichert wird. Denn im Regelfall haben Jugendliche, die vor Erreichen des Berufslebens invalid werden, keinerlei Leistungsansprüche. Ihnen bleibt nur der Gang zum Sozialamt.

Sparverträge

Viele Großeltern, die ihren Enkelkindern etwas zukommen lassen wollen, legen für sie ein Sparbuch an, auf dem sie entweder einen größeren Betrag deponieren oder auf das sie regelmäßig kleinere Beträge überweisen. Das Sparbuch gehört zu den konservativsten Möglichkeiten der Geldanlage. Die Renditen sind im Normalfall äußerst mager und bleiben es auch dann, wenn die Geldinstitute es mit allerlei Aufputz verschönern. Dennoch erfreut das Sparbuch sich einer andauernden und offenbar durch nichts zu erschütternden Beliebtheit.

Die Sparkasse Halle/Westfalen empfiehlt zum Beispiel Großeltern, die für ihre Enkel etwas tun wollen, das „Bleiben-Sie-flexibel"-Sparbuch. Bei diesem flexiblen Prämiensparen können Sie
– einsteigen und aussteigen, wann Sie wollen;
– gute Zinsen und Zinseszinsen verbuchen;
– eine jährliche Gutschrift der Prämie und Zinsen erhalten;
– ab 50 DM monatlich sparen;
– jederzeit über das Guthaben verfügen.

Angebote dieser Art mit einer maximalen Spardauer von 25 Jahren werden von fast allen Banken und Sparkassen unterbreitet.

Wenn man eine monatliche Sparquote von 100 € ansetzt und als Sparziel eine Anlagedauer von 15 Jahren festlegt, dann liegt das Ergebnis bei 25 500 € (Naspa, Wiesbaden) bis 26 083 € (Sparkasse Halle/Saalkreis).

Eine weitere, weniger langfristige Sparmöglichkeit ist das so genannte Zuwachssparen, bei dem ein bestimmter

Betrag (mindestens 5 000 DM) mit jährlich wachsenden Zinsen vergütet wird. Innerhalb von fünf Jahren können so aus 10 000 DM bei der Sparkasse Halle/Saalkreis 12 106 DM werden.[42] Rechtlich ist beim Sparbuch Folgendes zu beachten: Das Sparkonto kann auf den Namen des minderjährigen Enkels nur mit Zustimmung und Unterschrift der Eltern eröffnet werden. Der Enkel ist dann sofort Gläubiger der Spareinlage und damit auch für das Kontoguthaben im Rahmen der Zinsabschlagsteuer steuerpflichtig, auch wenn das in den meisten Fällen nur ein theoretisches Problem darstellen dürfte. Die Eltern haben im Rahmen ihres Sorgerechts Zugriff auf das Konto. Sie können damit zwar nicht machen, was sie wollen, aber sie können zumindest verhindern, das ihr minderjähriges Kind damit macht, was es will. Die Großeltern haben dann jedenfalls keinen Zugriff mehr auf das Konto.

Mitunter wird das Sparbuch auf den Namen des Schenkenden, zum Beispiel des Großvaters, ausgestellt. Das trifft häufig dann zu, wenn die Großeltern an den Eltern vorbei den Kindern etwas zuwenden wollen, entweder, weil sie der finanziellen Kompetenz der Eltern nicht über den Weg trauen oder weil sie dem gesetzlichen Erbgang vorgreifen wollen. Zum Beispiel kann auf dem Sparbuch dann die Begünstigung des Enkels oder Ähnliches eingetragen werden. Das be-

deutet, dass der Schuldner (die Bank) die Leistung nicht an den Gläubiger (den Großvater), sondern an einen Dritten (das Enkelkind) erbringen soll. Diese schuldrechtliche Vertragsform wird als „Vertrag zugunsten Dritter" bezeichnet. Sie ist in den §§ 328 bis 335 BGB dargestellt. Da sie nicht gerade unkompliziert ist und verschiedene Ausgestaltungen zulässt, sollte in jedem Fall juristischer Rat, zum Beispiel seitens der Hausbank oder von einem Notar, in Anspruch genommen werden. Gemeinsam mit dem Berater der Bank oder Sparkasse kann dann eine auf die persönlichen Bedürfnisse abgestimmte Vereinbarung getroffen werden.

Fonds

Weitaus bessere Aussichten auf hohe Renditen hat auch der Kleinanleger bei Aktienfonds. Das Risiko ist zwar einerseits höher als bei konservativen Anlageformen, andererseits wird es aber durch die Diversifikation des Fondsvermögens weitgehend aufgefangen.

Was ist darunter zu verstehen? Große Fondsgesellschaften, die in der Regel Tochterunternehmen von Banken sind, bilden aus dem ihnen anvertrauten Geld ein Sondervermögen, das zum Beispiel in Aktien von Unternehmen verschiedener Branchen angelegt wird. So hatte zum Beispiel das Fondsvermögen des „Vermögens-Aufbau-Fonds" (Deutscher Investment-Trust) Ende 1999 folgende Vermögensstruktur:

Banken	12,9 %
Versorger	16,9 %
Elektrotechnik	22,7 %
Kommerzielle Dienstleistungen	9 %
Versicherungen	8,5 %
Öl, Kohle, Gas	8 %
Pharmazeutika	7,5 %
Kaufhäuser	5,3 %
Chemie	2,6 %
Diverse Unternehmen	7,1 %

Diese breite Streuung des Fondsvermögens bedeutet natürlich auch eine breite Streuung des Risikos. Selbst wenn einzelne Unternehmen, ja ganze Branchen einmal ein schlechtes Jahr haben, wird zwar das Gesamtergebnis der Wertentwicklung des Fonds geschmälert, aber der Einbruch kann durch die positiven Entwicklungen anderer Unternehmen und Branchen aufgefangen werden.

Mit Aktienfonds sind Sie, wenn Sie den richtigen Fonds ausgewählt haben – mehr dazu später –, immer auf der sicheren Seite. Das offene Geheimnis dieser Sicherheit liegt einerseits in der Langfristigkeit der Anlage und andererseits in der Art, wie Sie das Geld anlegen. Die ursprüngliche Idee der Investment-fonds, und Aktienfonds sind eine spezielle Art von Investmentfonds, bestand darin, neue Anleger zu gewinnen, die aus den unterschiedlichsten Gründen bisher nicht am Kapitalmarkt investiert hatten:

– Anleger, denen das Risiko der Direktanlage in Aktien und Anleihen zu groß war.

– Anleger, denen das notwendige Kapital für den Einstieg in den Immobilienmarkt fehlte.

– Anleger, denen es an Zeit und Kenntnissen mangelte, ihre Geldanlage selbst zu managen.

– Anleger, deren Anlagevolumen nicht ausgereicht hätte, um am Kapitalmarkt attraktive Konditionen auszuhandeln.

Das Prinzip der Investmentfonds ist einfach und überzeugend. Mehrere Anleger, die vor den oben aufgeführten Problemen stehen, schließen sich zusammen, zahlen ihre Anlagesummen in einen gemeinsamen Topf ein und bilden ein Sondervermögen. Professionelle Fondsmanager übernehmen die Verwaltung dieses Sondervermögens und investieren es in Wertpapiere (zum Beispiel Aktien, festverzinsliche Wertpapiere) und andere Vermögenswerte (zum Beispiel Immobilien, Schiffe). Damit werden dem einzelnen Kleinanleger all die Vorteile der Geldanlage am Kapitalmarkt eröffnet, die gewöhnlich nur Großanlegern zugänglich sind. Da sich das Fondsvermögen außerdem auf verschiedene Anlageformen und zahlreiche Einzelwerte verteilt, wird auch das Risiko für den einzelnen Anleger in einer Weise gestreut, wie es dem Kleinanleger bei der Direktanlage in Wertpapiere niemals möglich wäre.

Weitere attraktive Vorteile der Investmentfonds sind:

– Vergleichsweise niedrige Verwaltungs- und Depotkosten, da die Fondsmanager die Kostenvorteile, die sie als Großanleger erzielen, an ihre Kleinanleger weitergeben können.

– Pflegeleichtes Handling, da sich die Anleger nicht um die Entwicklung der verschiedenen Einzeltitel und um die Wiederanlage ausgeschütteter Erträge oder um fällig werdende Papiere kümmern müssen.

Um am Sondervermögen eines Investmentfonds zu partizipieren, muss der Anleger so genannte Anteilscheine oder Investmentzertifikate erwerben. Damit wird die Einlage bei der Investmentgesellschaft verbrieft. Mit jedem Anteilschein erwirbt der Anleger einen bestimmten Bruchteil am Fondsvermögen. Investmentzertifikate haben zwar einen Preis, aber keinen Nennwert, denn sie lauten auf die Stückzahl der vom Anleger erworbenen Anteile am Fondsvermögen. Der Wert eines Investmentzertifikats kann unter Umständen stark schwanken. Er wird auf der Basis des börsentäg-

lich zu bewertenden Fondsvermögen berechnet. Diese Berechnung ist im Grunde ganz einfach. Zum Tageswert sämtlicher Vermögenswerte des Fonds (Wertpapiere, Immobilien) wird die Summe der liquiden Mittel hinzugezählt und die Verbindlichkeiten (Spesen und Gebühren, Managementkosten) werden abgezogen. Daraus ergibt sich der Nettoinventarwert des Fonds. Dieser wird durch die Anzahl der ausgegebenen Anteilscheine geteilt, woraus sich der Rücknahmepreis pro Fondsanteil ergibt. Dieser Rücknahmepreis wird börsentäglich von einschlägigen Zeitungen (zum Beispiel „FAZ", „Handelsblatt") veröffentlicht. Der Ausgabepreis, zu dem Sie einen Fondsanteil kaufen können, ist im Regelfall etwas höher als der Rücknahmepreis; er verteuert sich um den so genannten Ausgabeaufschlag.

Der Ausgabeaufschlag liegt, je nach Fonds, zwischen 0,5 und 5 Prozent. Sie müssen sich diesen Aufschlag als eine Art vorweggenommene Prämie für das erfolgreiche Management Ihres Fonds vorstellen. Es gibt auch Investmentfonds ohne Ausgabeaufschlag.

Aber 4 der 5 Prozent vom Ausgabeaufschlag können gut angelegtes Geld sein, denn gut gemanagte Fonds erwirtschaften Renditen von 16 bis 20 Prozent in einem 10-jährigen Mittel. Und genau auf diese langjährige Betrachtungsweise kommt es an.

Wenn Sie für Ihre Enkelkinder Geld anlegen, gehen Sie vermutlich davon aus, dass die Anlage nicht schon ein bis zwei Jahre später wieder aufgelöst und das Geld zum Konsum verwendet wird. Sie wollen gerade das Gegenteil erreichen. Das Vermögen soll langfristig angelegt sein beziehungsweise durch einen länger dauernden Sparvertrag oder durch regelmäßige Überweisungen über einen längeren Zeitraum hinweg kontinuierlich wachsen. Oft ist mit diesen Geldanlagen die vernünftige Überlegung verknüpft, den Enkelkindern einen Zuschuss zur Ausbildung oder zum Studium zu geben. Im Idealfall stehen also auch als Anlagezeitraum 18 Jahre zur Verfügung.

Bei der Auswahl des richtigen Investmentfonds darf deshalb nicht der Erfolg des letzten Geschäftsjahres, auf den eine Investmentgesellschaft vielleicht mit Stolz verweist, für Sie entscheiden sein. Sie müssen vielmehr den langfristigen Erfolg eines Fonds über einen Zeitraum von 15 bis 20 Jahren bei Ihrer Entscheidung berücksichtigen.

In diesem Zeitraum hat es mit Sicherheit auch schlechte Jahre für die Börse gegeben. Solch schlechten Jahre waren zum Beispiel 1987 und 1990. In diesen Jahren haben sehr viele Investmentfonds auf Aktienbasis Wertverluste erlitten.

Nicht der Investmentfonds ist der beste für Sie, der in einem Jahr 50 Prozent und mehr Rendite erwirtschaftet, sondern der, der auch unter Berücksichtigung schlechter Jahre bei langfristiger Betrachtung eine Rendite von 15 Prozent und mehr im Jahresdurchschnitt nachweisen kann.

Als Anleger, der beispielsweise seinem Enkelkind einen monatlichen Betrag von 100 € zuwenden will, haben Sie sogar von schlechten Jahren einen Vorteil. Wie das funktioniert? Sie befinden sich in einer ähnlichen Situationen wie der Autofahrer, der immer für genau 30 € tankt. Ist das Benzin billig, bekommt er für seine 30 € mehr in den Tank, ist das Benzin teurer, bekommt der davon natürlich weniger.

Und an der Börse? Steigen die Kurse, gewinnt Ihr Depot an Wert; einfach gesagt, das, was Sie schon haben, wird mehr. Dafür erhalten Sie aber für Ihren monatlichen Anlagebetrag von 100 € bei steigenden Kursen (und demzufolge einem höheren Anteilpreis) weniger Anteile. Sinken die Kurse, verliert zwar Ihr Depot an Wert, aber dafür können Sie jetzt monatlich preiswerter zukaufen, das heißt mehr Anteile für Ihre 100 € im Depot anlegen. Der geringere Depotwert braucht Sie überhaupt nicht zu irritieren, denn Sie wollen ja über das Depot nicht kurzfristig verfügen.

Jetzt kommt es eigentlich nur auf die Auswahl des richtigen Investmentfonds an. Die Wahl fällt wahrlich nicht leicht.

Hunderte von Fonds, die inzwischen aufgelegt worden sind, verfälschen den ursprünglichen Sinn der Fondsinvestitionen: Diversifikation und Risikostreuung. Stattdessen gibt es eine Vielzahl von Spezialitätenfonds, die zum Teil eine hoch riskante Anlage darstellen, da sie zum Beispiel in bestimmte Regionen investieren, deren Wirtschaftsentwicklung großen Schwankungen und großen Risiken unterworfen ist.

Diese risikoreiche Anlage dürfte bei Ihrer Entscheidung nicht die erste Wahl darstellen. Wählen Sie stattdessen Investmentfonds, die hauptsächlich in deutsche Aktien oder in Wertpapiere der Europäischen Union investieren.

Der „FT Frankfurt-Effekten-Fonds" wirbt für sich mit dem Argument, dass er Aktien großer und mittlerer deutscher Unternehmen erwerbe. „Darüber hinaus kann er auch in Unternehmenswerte aus ganz Euroland investieren. Der Fonds wird nach Art einer Vermögensverwaltung gemanagt; im Bedarfsfall lässt sich die Aktienquote bis auf 70 % absenken. Ziel der Anlagepolitik ist ein längerfristiges Kapitalwachstum bei vergleichsweise reduziertem Risiko. Der Fonds eignet sich für konservative Anleger, die sich bei ihrer Aktienanlage vornehmlich auf deutsche Werte konzentrieren wollen."[43]

Eine Vergleichsrechnung macht die unterschiedlichen Renditeaussichten deutlich. Wer vor 15 Jahren begonnen hat, einen monatlichen Betrag von 100 auf ein Sparbuch mit einer jährlichen Durchschnittsverzinsung von 3 Prozent zu überweisen, kann nach 15 Jahren fleißigen Sparens auf ein Vermögen von 22 681 € zugreifen. (Es gab vor 15 Jahren noch keinen Euro, aber man kann das ja mit 200 DM rundrechnen.)

Im Zeitraum von 1985 bis 2000 hätte die gleiche monatliche Anlage von 100 € beim „FT Frankfurt-Effekten-Fonds" ein Vermögen von 57 812 € gebildet.[45]

Bei diesem langfristigen Sparziel fällt es faktisch nicht ins Gewicht, dass die Jahre 1987 und 1990 keine guten Börsenjahre waren. Der Unterschied in den Ergebnissen ist so eklatant, dass er Grund genug sein müsste, das gute alte Sparbuch als langfristige Anlageform in den verdienten Ruhestand zu schicken.

Zuwenden und vererben

Wer im Lauf seines Lebens einen gewissen materiellen Wohlstand erreicht hat, möchte ihn nicht nur seinen Kindern und Enkeln vererben, sondern auch dafür sorgen, dass sie ihn nach Möglichkeit ungeschmälert behalten können. Nun sichert zwar Art. 14 des Grundgesetzes den Bürgern zu: „Das Eigentum und das

Steuerklasse	Betroffene	Freibeträge
I	• Ehegatten	• 600 000 DM
	• Kinder und Stiefkinder	• 400 000 DM
	• Enkelkinder, deren Elternteil (Kinder des Erblassers) verstorben sind	• 400 000 DM
	• alle anderen Enkel, Urenkel und Stiefenkel	• 100 000 DM
	• Eltern und Großeltern (nur bei Erwerb von Todes wegen)	• 100 000 DM
II	• Geschwister, Neffen und Nichten, Stiefeltern, Schwiegerkinder, Schwiegereltern, geschiedene Ehepartner	• 20 000 DM
	• Eltern und Großeltern (bei Zuwendungen unter Lebenden)	• 20 000 DM
III	• alle übrigen Erben und Beschenkten	• 10 000 DM

Erbrecht werden gewährleistet." Aber in der Praxis lässt der Staat sich diese Gewährleistung recht ordentlich bezahlen und er lässt vor allem seine Entschlossenheit erkennen, umso höher zu partizipieren, je mehr vererbt wird. Sollen die Erben ungeschmälert in den Genuss des Erbes kommen, müssen entweder bestimmte Freibeträge eingehalten werden oder der Erblasser muss steuerlichen und juristischen Rat zur optimalen Ausgestaltung seiner Vermögensverhältnisse in Anspruch nehmen. Letzteres ist immer zu empfehlen, wenn es sich um größere Vermögensmassen oder um komplizierte juristische Konstruktionen, zum Beispiel bei Firmenbeteiligungen, handelt.

Was für das Erben und Vererben gilt, das gilt auch für die meisten Arten der Schenkung. Der Fiskus betrachtet eine Schenkung gewissermaßen als vorweggenommene Erbschaft.

Jenseits eines bestimmten Freibetrags, der sich nach dem Grad der Verwandtschaft zum Erblasser oder zum Schenker richtet, ist Erbschafts- oder Schenkungssteuer in steiler Progression zu entrichten. Die Steuerklassen und Freibeträge, die für die Erbschafts- und Schenkungssteuer derzeit gelten, sind der oben stehenden Tabelle zu entnehmen. Allerdings muss man davon ausgehen, dass die steuerlichen Regelungen – wie das in der Vergangenheit bereits mehrfach der Fall war – auch zukünftig dem Finanzbedarf des Staates angepasst werden. Großeltern, die ihr Erbe regeln oder dem Erbgang durch Schenkung vorgreifen wollen, ist also dringend anzuraten, die aktuellsten gesetzlichen Regelungen zu verfolgen und gegebenenfalls kompetenten Rat von einem Anwalt oder Steuerberater einzuholen.

Nicht immer wird es zwischen Großeltern und Enkeln gleich um die ganz großen Beträge gehen. Der häufigere Fall ist, dass ein Sparbuch, ein Depot oder eine Fondsbeteiligung verschenkt werden soll. Die jeweilige Anlageform soll auf den Namen des Enkels eingerichtet oder eine schon vorhandene Anlage auf den Namen des Enkels umgeschrieben werden. Das geht, wie bereits dargestellt, nicht ohne die Zustimmung der Eltern. Außerdem darf nicht zweifelhaft bleiben, wer der Inhaber des Guthabens ist. Die Rechtsprechung verlangt, dass das Guthaben auf Sparbuch, Depot oder Beteiligung eindeutig und endgültig in das Vermögen des Enkels übergeht. Der Enkel wird dadurch, auch wenn er minderjährig ist, hinsichtlich der Kapitalertragssteuer (Zinsabschlagsteuer) gesondert veranlagt. Um es noch einmal deutlich zu betonen: Es ist nicht möglich, dem Enkelkind einerseits die Zinsen aus dem Kapitalvermögen ungekürzt zukommen zu lassen, und sich andererseits für den Ernstfall den ungehinderten Zugriff auf Sparbuch, Depot oder Beteiligung vorzubehalten, um notfalls auf das verschenkte Vermögen wieder zurückzugreifen. Ein bisschen verschenken, das geht nicht.

Will sich der Schenker dennoch Zugriff auf das verschenkte Vermögen reservieren, gibt es die Möglichkeit der Schenkung von Darlehen. Sie können Ihren Enkeln unter der Bedingung Geld schenken, dass der geschenkte Betrag dem Schenker für einige Jahre als Darlehen zur Verfügung gestellt wird. Damit die Schenkung vom Fiskus als ernstlich gewollt anerkannt wird, muss darüber ein Schenkungs- und Darlehensvertrag abgeschlossen werden. Eine Verzinsung des Darlehens muss vereinbart werden und die Zinsen müssen dem Beschenkten uneingeschränkt zur Verfügung stehen. Wenn beispielsweise der Großvater seinem Enkelkind 100 000 DM schenkt und

> **Vorsicht vor so genannten Kettenschenkungen!**
> Vermögende Großeltern könnten auf den Gedanken kommen, nicht ihrem Enkel, sondern ihren Kindern – unter Ausnutzung des viermal höheren Freibetrags – ein Geschenk mit der Auflage zukommen zu lassen, es an die eigenen Kinder (das heißt die Enkel des ursprünglichen Schenkers) weiterzuschenken, wobei ebenfalls der höhere Freibetrag zur Geltung käme. Diese Transaktion wird von den Landgerichten als steuerlich nicht zulässige Umgehung behandelt; die zweite Inanspruchnahme des Freibetrags wird dann nicht anerkannt und es wird Schenkungssteuer erhoben.

der Enkel diesen Betrag gegen einen Zinssatz von 6 Prozent dem Großvater als Darlehen zur Verfügung stellt, hat der Großvater das Gefühl, nach wie vor die 100 000 DM „irgendwie" in der Hand zu haben, während dem Enkel eine monatliche Beihilfe zum Studium von 500 DM aus den anfallenden Zinsen zur Verfügung steht.

Nach wie vor lohnend ist es, Grundstücke zu verschenken, da Grundstücke nicht nach dem tatsächlichen Marktwert, sondern nur nach 50 bis 70 Prozent des Verkehrswertes besteuert werden. Bis 1996 wurde der flächendeckende Einheitswert zuzüglich bestimmter Aufschläge zugrunde gelegt. Seit 1997 wird der so genannte Bedarfswert zur Berechnung herangezogen. Er wird immer individuell und unmittelbar auf den Zeitpunkt der Steuerentstehung (Tod oder Schenkungsfall) bezogen festgesetzt. Der so ermittelte Wert ist regelmäßig höher als der im Einheitswertverfahren ermittelte, aber niedriger als der aktuelle Verkehrswert.

Ebenso kann Geld zum Erwerb eines Grundstücks zu den gleichen günstigen Bedingungen geschenkt werden. Darüber hinaus können auch Geldbeträge zum Bau eines Hauses geschenkt werden, ebenso wie Teilfinanzierungen von Grundstückskäufen. In diesen Fällen spricht man von einer mittelbaren Grundstücksschenkung.

Da Gesetzesänderungen auch in Zukunft nicht ausgeschlossen werden können, sollte stets die aktuelle Gesetzeslage berücksichtigt und gegebenenfalls juristischer Rat eingeholt werden.

Ist Betriebsvermögen Gegenstand einer Schenkung, gelten wiederum eigene Regeln. Die Materie ist so kompliziert, dass die Konsultation eines Fachmanns unbedingt angeraten werden muss.

Begegnung mit dem Tod

Es bringt nichts, die Augen davor zu verschließen. Großeltern, zumal solche, die erst im höheren Alter das Glück hatten, Großeltern zu werden, können aller Voraussicht nach ihren Enkeln nicht ersparen, sich mit dem Thema Tod auseinander zu setzen. Der Tod des eigenen Großvaters oder der Großmutter ist oft die erste direkte Begegnung mit dem Tod, die ein Kind erlebt.

Eines Tages sprachen die Großeltern Johannes (64) und Gerda (55) mit ihrem Enkel Fabian (4) über Altern und Tod. Der Anlass war eigentlich ganz harmlos. Die Großeltern sahen sich einfach von den temperamentvollen Spielaufforderungen des Jungen überfordert und deuteten ihm an, dass sie ein Alter erreicht hatten, in dem sie nicht mehr uneingeschränkt als Reittier und Hüpfburg für 4-jährige Enkel tauglich waren.

„Wenn Menschen viele Jahre leben, werden sie alt. Und wenn sie alt sind, sind sie nicht mehr so stark wie junge Menschen."

„Und wenn sie sehr alt sind?"

„Wenn sie sehr alt sind, werden sie eher schwach und manchmal krank."

„Und wenn sie ganz, ganz alt sind?"

„Wenn sie ganz alt sind, sterben sie."

„Bist du schon ganz alt, Opa?"

„Nein, ganz alt bin ich noch nicht."

„Wie alt, Opa?"

„Na, schon ganz schön alt. Jedenfalls viel älter als deine Eltern."

Das muss Fabian sehr zu denken gegeben haben. Denn seine Eltern waren ja nun schon mächtig alt. Wenn nun also der Opa … Bei seinen nächsten Besuchen bei Oma und Opa fragte Fabian, mit einer Mischung aus Neugier und Besorgnis: „Opa, stirbst du nun bald?"

Das ging eine ganze Weile so. Und wie sollte man einem 4-Jährigen darob böse sein. Aber was sollte man ihm antworten?

Die Szene könnte eigens zur Illustration eines Gedichtes von Joachim Ringelnatz erfunden worden sein können.

Großpapa, ach bist du dumm!
Weil du nichts verstehst.
Großpapa, was bist du krumm,
Wenn du gehst.

Und du zitterst immerzu
Wie ein Pappelwald.
Großpapa, wann stirbst denn du?
Stirbst du bald?[45]

Kinder meinen das nicht böse, sie sind nicht grausam oder gefühllos, wenn sie das fragen. Sie wollen wissen, was das ist und wie das vor sich geht, wovor die Erwachsenen so große Angst haben.

Ist das nicht ein berechtigtes Interesse?

Eines Tages heißt es: Urgroßeltern

Die Lebenserwartung steigt in Deutschland kontinuierlich. Und wenn die Generationenfolge ebenfalls einigermaßen kontinuierlich ist, liegt es im Bereich des Wahrscheinlichen, dass Sie noch das Heranwachsen Ihrer Urenkel erleben.

Urenkel haben oft sehr angenehme Erinnerungen an die Urgroßeltern. Britta erinnert sich: „Zu Mittag gab es immer das, was wir uns wünschten. Zu der Zeit, als meine Großmutter noch gearbeitet hat, hat meine Urgroßmutter für mich oft Milchreis gekocht, den ich sonst überhaupt nicht mochte. Bei meiner Urgroßmutter habe ich – genau wie sie – meinen heißen Kakao immer von der Untertasse getrunken. Das durfte ich zu Hause überhaupt nicht."

Britta hatte eine sehr enge Beziehung zu ihrer Urgroßmutter. Eigentlich war sie ihr das, was gewöhnlich Großeltern für ihre Enkel sind. „Als meine Urgroßmutter starb, machte ich mir große Vorwürfe. Ich war an ihrem Todestag auf einer Klassenfahrt und fühlte mich, als hätte ich sie allein gelassen. Ich habe sie drei Tage vor ihrem Tod noch im Krankenhaus besucht und ihr versprochen, genau eine Woche später wieder zu kommen. Ironie des Schicksals – eine Woche später war ihre Beerdigung. Noch heute denke ich bei vielem, was ich tu, daran, was sie wohl dazu gemeint hätte – und das erleichtert mir oft die Entscheidung."

Goldene Regeln

1. Akzeptieren Sie die Entscheidungen Ihrer Kinder.
2. Lernen Sie, mit den Entscheidungen Ihrer Kinder zu leben.
3. Setzen Sie durch, dass Ihre Kinder auch Ihre Entscheidungen akzeptieren.
4. Bestrafen Sie Ihre Enkelkinder nicht für die Entscheidungen Ihrer Kinder.
5. Rächen Sie sich nicht an den Enkelkindern für die ungelösten Probleme, die Sie mit Ihren Kindern hatten.
6. Seien Sie Vermittler von Wissen, Lebenserfahrung und sozialer Kompetenz, aber spielen Sie sich nicht als Erzieher auf.
7. Machen Sie Ihren Enkeln Mut, sich der Gegenwart zu stellen und an die Zukunft zu glauben.
8. Akzeptieren Sie Ihre Enkelkinder so, wie sie sind.
9. Schließen Sie Kompromisse.
10. Haben Sie Geduld.
11. Kümmern Sie sich nicht darum, was andere sagen.
12. Sie haben nicht das Recht, zu reden ohne nachzudenken, Sie haben lediglich das Recht, nachzudenken ohne zu reden.
13. Sprechen Sie, wenn Sie reden, ohne Umschweife und ohne Vorbehalte – seien Sie aufrichtig.
14. Nehmen Sie sich Zeit.
15. Geben Sie Ihren Enkeln Zeit. So viel Zeit, wie sie brauchen, um sich an Sie zu gewöhnen und herauszubekommen, wer ihre Großeltern sind und wer sie selbst sind und werden.
16. Sagen Sie sich stets: Meine Enkel brauchen vor allem positive Gefühle. Sie können zwar nicht verhindern, dass auch negative Gefühle auftreten, aber Sie können verhindern, dass sie im Kindheits-Ich Ihrer Enkel dominieren.
17. Geben Sie nicht ungefragt Rat, weder Ihren Kindern noch Ihren Enkeln.
18. Sie verkörpern die gesamte Weisheit Ihrer Familientradition? Dann versuchen Sie auch weise zu sein, ohne autoritär zu wirken.
19. Urteilen Sie niemals vorschnell. Vor allem nicht in Familienangelegenheiten Ihrer Kinder. Und erst recht nicht, wenn die Ehe der Eltern auseinander bricht.
20. Seien Sie da. Vor allem natürlich in schwierigen Zeiten. Aber auch im Alltag. Selbst wenn Sie nicht in der

Nähe Ihrer Enkel wohnen, können Sie für sie da sein , wenn Sie das nur wollen.

21. Bleiben Sie flexibel. Regeln haben Ihre Enkel schon genug; vielleicht lassen Sie stattdessen ein paar Traditionen entstehen, die von beiden – Enkeln und Großeltern – gewollt und akzeptiert werden.

22. Bleiben Sie erschütterbar. Wenn Ihre Enkelkinder Schmerz und Trauer empfinden, schämen Sie sich nicht des Mitempfindens.

23. Machen Sie sich keinen Stress. Sie sollen keine perfekten Super-Großeltern sein, sondern einfach Oma und Opa.

24. Machen Sie immer den ersten Schritt zur Versöhnung, wenn es mal Krach gegeben hat.

25. Beweisen Sie Humor und haben Sie Spaß.

Anhang

Adressen

StiftungLesen
Fischtorplatz 23
D-55116 Mainz
Tel.: (0 61 31) 2 88 90 0
Fax: (0 61 31) 23 03 33
Internet: www.StiftungLesen.de
E-Mail: mail@StiftungLesen.de

Bestelladresse für das ASB-Handbuch
„Erste Hilfe bei Kindernotfällen"
(190 S., 15 DM inkl. Porto und Versand;
Verrechnungsscheck beilegen):
Arbeiter-Samariter-Bund
Deutschland e. V.
Versand
Sülzburgstraße 140
D-50937 Köln
Tel.: (0221) 47 69 50
Fax: (0221) 47 60 52 88

Unterkünfte in Deutschland

Gaststätte, Pension und Reiterhof Lindenhof
Uda Roick
Berthelsdorfer Straße 114
D-09661 Hainichen
Tel.: (03 72 07) 28 72
Fax: (03 72 07) 21 68
Internet:
www.e-biz.de/reisen/lindenhf.htm

Stübig's Pony- und Reiterhof
mit Ferienwohnungen
Familie Stübig
Hahnstraße 11a
D-38871 Abbenrode
Tel.: (03 94 52) 8 80 07 oder
(03 94 52) 88 452
Fax: (0 53 24) 7 50 97
Internet:
www.urlaubstipp.de/reiterhof stuebig
E-Mail: ponytante@aol.com

Unterkünfte in Österreich

Baby- und Kinderhotel Trebesingerhof
Bad 1
A-9852 Trebesing
Kärnten
Tel.: (00 43 47 32) 23 50
Fax: (00 43 47 32) 23 50-415
E-Mail: babyhotel@lieser-maltatal.or.at

Babyhotel Dreiländereck
Gärtnerstraße 10
A-9601 Arnoldstein/Dreiländereck
Tel.: (00 43 42 55) 2 40 30
Fax: (00 43 42 55) 24 04
E-Mail:
babyhotel-dreiländereck@netway.at

Die Kinderhotels
Postfach 10
A-9580 Villach/Drobollach
Tel.: (00 43 42 54) 44 11
Fax: (00 43 42 54) 45 55
Internet: www.kinderhotels.com
E-Mail: office@kinderhotels.com

TIPP: Wenn Sie im Internet gezielt nach Unterkünften in Österreich suchen möchten, wählen Sie www.tiscover.com./ und geben Sie nach dem Schrägstrich das Bundesland oder den Ort ein, nach dem Sie suchen möchten.
Nun können Sie zwischen verschiedenen Rubriken, wie „Hotels/Unterkünfte", „Pauschalangebote", wählen.

Versicherungen

Fairsicherungsladen
Graf & PartnerInnen
Versicherungsmakler GmbH
Landwehrstr. 7a
D-64293 Darmstadt
Tel.: (0 61 51) 95 58 60
Fax: (0 61 51) 9 55 86 20
Internet: www.fair-darmstadt.de
E-Mail:
Fairsicherungsladen-Da@t-online.de

Standard Life Versicherung
Lyoner Str. 15
D-60528 Frankfurt am Main
Tel.: (01 80) 2 21 47 47
Fax: (0 69) 66 57 22 10
Internet: www.StandardLife.de
E-Mail: kundenservice@standardlife.de

Giftnotrufzentralen in Deutschland

Berlin: (0 30) 1 92 40
Bonn: (02 28) 2 87-32 11 /-32 33
Erfurt: (03 61) 7 30 73-0 /-11
Freiburg: (07 61) 19 24 0
Göttingen: (05 51) 1 92 40
Homburg/Saar: (0 68 41) 1 92 40
München: (0 89) 1 92 40

Literatur

Beck, Dorothee: Kindersicher. Erste Hilfe bei Kindern (Eine Information der AOK). Bad Homburg 1996

Gall, Ruth: Problemfall Schwiegermutter. Zusammen mit dem Partner aus der Krise. München 1999.

Harris, Amy Bjork, und Harris, Thomas A.: Einmal o. k. – immer o. k. Transaktionsanalyse für den Alltag. Reinbek bei Hamburg 1990.

Harris, Thomas A.: Ich bin o. k. – du bist o. k. Reinbek bei Hamburg 1975.

Hauser-Schöner, Isabell: Kinder brauchen Großeltern. München 1994.

Herrmann, Christine: Großmutter – große Mutter. Stereotype über die ältere Frau in der Kinder- und Jugendliteratur. Frankfurt am Main 1992.

Hug, Barbara: Von Herzen willkommen! Ein Buch für Großeltern. Zürich 1981.

Lennert, Rudolf: Großeltern und Enkel. In: Neue Sammlung. Göttinger Zeitschrift für Erziehung und Gesellschaft, 13 (1973), S. 380–386.

Marx, Marie-Luise: Großeltern als Ersatzeltern ihrer Enkelkinder – ein vernachlässigtes Problem der Sozialpolitik. Frankfurt am Main (Verein für öffentliche und private Fürsorge) 1996.

Meinerts: Mit Omi ist es einfach toll! Tipps, Ideen und Spiele für fröhliche Stunden mit dem Enkelkind. München 1995.

Meves, Christa: Großeltern-ABC. Stein am Rhein 1996.

Nienstadt, Monika, und Westermann, Arnim: Pflegekinder. Psychologische Beiträge zur Sozialisation von Kindern in Ersatzfamilien. Münster 1990.

Nitsch, Cornelia: Wenn die Enkel kommen. Spaß und Spiele für Großeltern und Kinder. Reinbek bei Hamburg 1997.

Nyberg, David: Lob der Halbwahrheit. Warum wir so manches verschweigen. Hamburg 1994.

Reichert, Martin, und Weicker, Robert: Kindernotfälle. Erste Hilfe bei Säuglingen, Kleinkindern und Kindern. Bad Homburg v. d. H. 1999.

Richter, Ursula: Was heißt hier Oma! Das Selbstverständnis der Großmütter von heute. Stuttgart 1994.

Schönfeld, Sybil Gräfin: Bei Großmutter ist es am schönsten. Ein Handbuch für Großeltern. München 1996.

Schreur, Jerry & Jack: Das Oma Opa Enkel Buch. Asslar 1998.

Schulz-Hageleit, Peter: Großeltern – Eltern – Kinder. Was geschieht in der Abfolge der „Generationen"? In: Neue Sammlung. Vierteljahres-Zeitschrift für Erziehung und Gesellschaft, 31 (1991), S. 494–498.

Schulz-Wild, Lore: Das Enkel-ABC. München 1995.

Stingl, Gisela: Wie schön, dass es euch gibt. Das kleine Großelternbuch. Freiburg 1998.

Stolz, Ursula: Der kleine Ratgeber für Großeltern. Reinbek bei Hamburg 1994.

Tamaro, Susanna: Geh, wohin dein Herz dich trägt. Roman. Zürich 1995.

Walther, U.: Wie schenke ich an Kinder und Enkel („Vermögen, Bilanz, Steuer" 124). Wiesbaden 1995.

Wyse, Lois: Komisch, du siehst gar nicht aus wie eine Großmutter. München 1990.

Fußnoten

[1] Christine Herrmann: Großmutter – große Mutter. Frankfurt am Main 1992, S. 20.

[2] Christa Meves: Großeltern-ABC. Stein am Rhein 1999, S. 9.

[3] Ursula Richter: Was heißt hier Oma!. Stuttgart 1994, S. 14.

[4] Jerry & Jack Schreur: Das Oma Opa Enkel Buch Asslar 1998, S. 169.

[5] Susanna Tamaro: Geh, wohin dein Herz dich trägt. Zürich 1995, S. 10.

[6] Hans Thomae: Kompetenz älterer - Menschen und ihre Bedeutung für die Familie. In: Hans Thomae, Andreas Kruse, und Joachim Wilbers: Kompetenz und soziale Beziehungen im Alter. Materialien zum Vierten Familienbericht, Band 2. München 1987, S. 86.

[7] ebd.

[8] Christa Meves: a. a. O., S. 12.

[9] Hans Thomae: a. a. O., S. 97.

[10] Werner von Siemens: Lebenserinnerungen. München 1985, S. 20 f.

[11] Gerhart Hauptmann: Das Abenteuer meiner Jugend. In: Ausgewählte Prosa Band III. Berlin 1956, S. 35.

[12] ebd., S 35.

[13] ebd., S. 35.

[14] Fasil Abdulowitsch Iskander: Der Großvater. In: Mein Onkel brav und bieder. Erzählungen. Berlin 1978, S. 108

[15] ebd., S. 147.

[16] Rudolf Lennert: Großeltern und Enkel. In: Neue Sammlung. Göttinger Zeitschrift für Erziehung und Gesellschaft 13 (1975), S. 383 f.

[17] Heinz Kahlau: Bögen. Ausgewählte Gedichte 1950–1980. Berlin und Weimar 1981, S. 111.

[18] Lois Wyse: Komisch, du siehst gar nicht aus wie eine Großmutter. München 1990, S. 58

[19] Thomas A. Harris: Ich bin o. k. – Du bist o.k. Reinbek 1975, S. 33.

[20] ebd., S. 34.

[21] ebd., S. 40.

[22] ebd., S. 46.

[23] Abraham H. Maslow: Motivation und Persönlichkeit. Reinbek bei Hamburg 1981, S. 80.

[24] ebd., S. 66.

[25] ebd., S. 69.

[26] Amy Bjork Harris, und Thomas A.

Harris: Einmal o. k. – immer o. k. Reinbek bei Hamburg 1990, S. 26 f.

[27] Dolf Sternberger: Geschichte als Erfahrung und Geschichte als Erkenntnis. In: Vexierbilder des Menschen (= Dolf Sternberger, Schriften VI). Frankfurt am Main 1981, S. 99.

[28] ebd., S. 100.

[29] Jerry & Jack Schreur: a. a. O., S. 65.

[30] Amy Bjork Harris, und Thomas A. Harris: a. a. O., S. 40.

[31] David Nyberg: Lob der Halbwahrheit. Hamburg 1994, S. 201.

[32] ebd., S. 201

[33] Virginia Woolf: Die Fahrt zum Leuchtturm. Frankfurt am Main 1956, S. 41 f.

[34] Amy Bjork Harris, und Thomas A. Harris, a. a. O., S. 40

[35] ebd., S. 158

[36] Ruth Gall: Problemfall Schwiegermutter. München 1999, S. 113.

[37] Amy Bjork Harris, und Thomas A. Harris: a. a. O., S. 186.

[38] Susanna Tamaro: a. a. O., S. 15.

[39] Arnim Westermann: Der Anspruch der Großeltern auf die Elternrolle. In: NIENSTEDT/WESTERMANN. 1990, S. 246.

[40] ebd., S. 247.

[41] Prospektinformation von Standard Life.

[42] Beispielrechnung nach Unternehmensangaben

[43] Vgl. Website www.frankfurt-trust.com

[44] Diese Beispielrechnung folgt Unternehmensangaben.

[45] Joachim Ringelnatz: Und auf einmal steht es neben dir. Gesammelte Gedichte. Berlin 1950, S. 386

Stichwortverzeichnis

Anhang

Wichtige Daten

Adresse der Eltern:

....

Telefonnummer der Eltern:

....

Mobiltelefon der Eltern:

....

Kinderarzt:

....

Zahnarzt:

....

Krankenversicherungskarte:

....

Impfausweis:

....

Medikamente:

....

Ärztlicher Bereitschaftsdienst:

....

Nächstes Krankenhaus:

....

Nächste Apotheke:

....

Taxiruf:

....

Besonders zu beachten:

....